无人系统技术出版工程

面向自主驾驶场景感知的循环神经架构

Recurrent Neural Architectures for Scene Perception in Autonomous Driving

何　振　刘大学　贺汉根　著

国防工业出版社

·北京·

内 容 简 介

本书针对自主驾驶场景感知中的动态场景预测、多目标检测和多目标跟踪这三个关键任务，分别介绍了三种不同的深度循环神经架构，讨论了如何在保证场景感知性能良好的情况下，有效缓解深度学习中存在的数据需求量大、人工标签需求量大，以及缺乏可解释性的三个重要问题。为进一步提高自主驾驶对场景的适应性，本书也对局部路径规划算法进行了深入探讨。

本书可作为高等院校自动化、人工智能等相关专业本科生的参考教材，也可作为从事自主驾驶研究的科研人员、军队无人作战指挥人员的参考资料。

图书在版编目（CIP）数据

面向自主驾驶场景感知的循环神经架构/何振等著.
—北京:国防工业出版社,2023.2
ISBN 978-7-118-12783-6

Ⅰ.①面…　Ⅱ.①何…　Ⅲ.①汽车驾驶–自动驾驶系
统　Ⅳ.①U463.61

中国国家版本馆 CIP 数据核字（2023）第 017948 号

※

*国防工业出版社*出版发行
（北京市海淀区紫竹院南路 23 号　邮政编码 100048）
天津嘉恒印务有限公司印刷
新华书店经售

*

开本 710×1000　1/16　插页 4　印张 8¼　字数 136 千字
2023 年 2 月第 1 版第 1 次印刷　印数 1—1500 册　定价 80.00 元

（本书如有印装错误,我社负责调换）

国防书店：(010)88540777　　书店传真：(010)88540776
发行业务：(010)88540717　　发行传真：(010)88540762

《无人系统技术出版工程》
编委会名单

主编　沈林成　吴美平

编委　(按姓氏笔画排序)

卢惠民　肖定邦　吴利荣　郁殿龙　相晓嘉

徐　昕　徐小军　陶　溢　曹聚亮

序

近年来,在智能化技术驱动下,无人系统技术迅猛发展并广泛应用:军事上,从中东战场到俄乌战争,无人作战系统已从原来执行侦察监视等辅助任务走上了战争的前台,拓展到察打一体、跨域协同打击等全域全时任务;民用上,无人系统在安保、物流、救援等诸多领域创造了新的经济增长点,智能无人系统正在从各种舞台的配角逐渐走向舞台的中央。

国防科技大学智能科学学院面向智能无人作战重大战略需求,聚焦人工智能、生物智能、混合智能,不断努力开拓智能时代"无人区"人才培养和科学研究,打造了一支晓于实战、甘于奉献、集智攻关的高水平科技创新团队,研发出"超级"无人车、智能机器人、无人机集群系统、跨域异构集群系统等高水平科研成果,在国家三大奖项中多次获得殊荣,培养了一大批智能无人系统领域的优秀毕业生,正在成长为国防和军队建设事业、国民经济的新生代中坚力量。

《无人系统技术出版工程》系列丛书的遴选是基于学院近年来的优秀科学研究成果和优秀博士学位论文。丛书围绕智能无人系统的"我是谁""我在哪""我要做什么""我该怎么做"等一系列根本性、机理性的理论、方法和核心关键技术,创新提出了无人系统智能感知、智能规划决策、智能控制、有人–无人协同的新理论和新方法,能够代表学院在智能无人系统领域攻关多年成果。第一批丛书中多部曾获评为国家级学会、军队和湖南省优秀博士论文。希望通过这套丛书的出版,为共同在智能时代"无人区"拼搏奋斗的同仁们提供借鉴和参考。在此,一并感谢各位编委以及国防工业出版社的大力支持!

吴美平

2022 年 12 月

前　言

本书主要介绍了自主驾驶汽车的场景感知和局部路径规划这两项关键技术。其中,研究场景感知技术由于需要输入数据的维数较高且包含大量噪声,因此是一项极具挑战的任务。目前,场景感知的算法主要借助于计算机视觉和模式识别技术。通过使用机器学习,尤其是其深度学习,可大幅提高场景感知的性能。然而,机器深度学习中所存在的数据需求量大、人工标签需求量大,以及缺乏可解释性这三个问题,却严重地限制了其在场景感知中的应用。为此,本书针对场景感知中的三个关键任务,分别提出了三种不同的深度学习架构,在保证场景感知性能良好的同时,一定程度上解决了上述三个问题。为进一步提高自主驾驶对场景的适应性,本书也对局部路径规划算法进行了深入研究。本书的主要工作和创新点如下:

(1) 面向动态场景预测,提出了一种张量式循环神经网络模型。该模型在KTH、UCF101 和 KITTI 数据集上的预测均方误差(目前最主要的视频预测性能指标)比现有的最好模型(MCnet 深度神经网络)分别减少了 22.11%、5.52% 和13.57%。与 MCnet 相比,该模型还具备如下优势:一、能够在不引入额外参数和计算时间的情况下高效地提升性能,其参数数量仅为 MCnet 的 74.47%,进而降低了求解参数所需的数据量,缓解了数据需求量大的问题;二、引入了记忆单元卷积,通过对记忆单元中的信息流进行可视化分析,增加了可解释性,缓解了缺乏可解释性的问题。

(2) 面向无监督多目标检测,提出了一种记忆式循环注意力网络模型。该模型的平均精度(目前最主要的检测性能指标)在 DukeMTMC 数据集上达到了现有最好模型(RRC 深度神经网络)的 94.78%,在 TUD 数据集上达到了现有最好模型(CRAFT 深度神经网络)的 95.16%。相比于 RRC 和 CRAFT 深度神经网络,该模型的优势:一、充分利用了参数共享机制,使参数数量仅为 RRC 深度神经网络的 19.14%、CRAFT 深度神经网络的 12.58%,降低了求解参数所需的数据量,缓解了数据量需求大的问题;二、由于通过最小化图像重构误差来训练参数,因此无需使用人工标签,克服了人工标签需求量大的问题;三、引入了输入记忆和注意力机制,通过对这些机制进行可视化分析,增加了该模型的可解释性,缓解了缺乏可解释性的问题。

(3) 面向无监督多目标跟踪,提出了一种重优先化循环注意力网络模型。

该模型的识别 F-度量(目前最主要的跟踪性能指标)在 DukeMTMC 数据集上达到了现有最好模型(DeepCC 深度神经网络)的 92.38%,在 TUD 数据集上达到了现有最好模型(AM 深度神经网络)的 93.39%。相比于 DeepCC 和 AM 深度神经网络,该模型的优势:一、充分利用了参数共享机制,使其参数数量仅为 DeepCC 深度网络模型的 22.07%、AM 深度网络模型的 16.33%,进而降低了求解参数所需的数据量,缓解了数据需求量大的问题;二、由于通过最小化视频重构误差来训练参数,因此无需使用人工标签,克服了人工标签需求量大的问题;三、引入了输入记忆、注意力、重优先化等机制,通过对这些机制进行可视化分析,增加了该模型的可解释性,缓解了缺乏可解释性的问题。

(4) 提出了一种基于双过程理论的分层局部路径规划算法。该算法由多个路径规划层构成,并能够根据环境的复杂度自动选择合适的规划层。通过面向任务的规划层调度机制,算法适用于多种指定任务中的局部路径规划,包括城市道路(位于长沙市麓谷工业园区)、高速道路(长沙市绕城高速公路,其总长约85km,累计实验路程约 1000km)、乡村道路(位于长沙市湘江孤岛,岛屿面积约1.67km^2)和越野道路(位于某装甲车试验基地)。算法的规划成功率在上述城市道路任务中达到了 100.00%,在上述越野道路任务中达到了 99.99%,展示了它的适应性和有效性。

书中基于国家自然科学基金重大研究计划集成项目"自主驾驶车辆关键技术与集成验证平台"(属国家自然科学基金重大项目)的内容撰写而成。其中,该平台的局部路径规划模块主要由本书中提出的分层局部路径规划算法实现。

作者

符号使用说明

首字母缩写

ACT　　自适应计算时间(adaptive computation time)

AP　　平均精度(average precision)

BPC　　单字符位数(bits per character)

***c*LSTM**　　卷积长短期记忆(convolutional long short-term memory)

CN　　通道规范化(channel normalization)

CNN　　卷积神经网络(convolutional neural network)

DPM　　可变形部件模型(deformable part model)

***d*LSTM**　　深度长短期记忆(deep long short-term memory)

FAF　　每帧平均虚警数(average false alarms per frame)

FC　　全连接网络(fully connected network)

FCN　　全卷积网络(fully convolutional network)

FN　　漏检(false negative)

FP　　虚警(false positive)

IDF1　　识别F-度量(identification f-measure)

IDP　　识别准确率(identification precision)

IDR　　识别召回率(identification recall)

IDS　　ID切换(ID switch)

IMBS　　独立多模态背景减除(independent multimodal background subtraction)

INS　　惯性导航系统(inertial navigation system)

GPS　　全球定位系统(global positioning system)

GRU　　门控循环单元(gated recurrent unit)

LN　　层规范化(layer normalization)

LSTM　　长短期记忆(long short-term memory)

MLP　　多层感知器(multi-layer perceptron)

MOD　　多目标检测(multi-object detection)

MOT　　多目标跟踪(multi-object tracking)

MRAN　　记忆式循环注意力网络(memory-based recurrent attention network)

MSE　　均方误差(mean squared error)

NTM	神经图灵机(neural turing machine)
PSNR	峰值信噪比(peak signal-to-noise ratio)
RAT	重优先化注意式跟踪(reprioritized attentive tracking)
ReLU	修正线性单元(rectified linear unit)
RNN	循环神经网络(recurrent neural network)
*s***LSTM**	栈式长短期记忆(stacked long short-term memory)
*s***RNN**	栈式循环神经网络(stacked recurrent neural network)
SSIM	结构相似性指标度量(structural similarity index measure)
STN	空间变换网络(spatial transformer network)
SVM	支持向量机(support vector machine)
TBA	通过生成动画跟踪(tracking by animation)
TBD	通过检测跟踪(tracking by detection)
*t***LSTM**	张量式长短期记忆(tensorized long short-term memory)
*t***RNN**	张量式循环神经网络(tensorized recurrent neural network)
UMOD	无监督多目标检测(unsupervised multi-object detection)

数 学 符 号

a	标量变量
$\boldsymbol{a}$	向量变量
a_i	向量变量 $\boldsymbol{a}$ 的第 i 个元素
A	标量常量
$\boldsymbol{A}$	向量常量
A_i	向量常量 $\boldsymbol{A}$ 的第 i 个元素
$\mathbf{A}$	矩阵(或张量)变量
$\boldsymbol{a}_i$	矩阵变量 $\mathbf{A}$ 的第 i 行
$A_{i,j}$	矩阵变量 $\mathbf{A}$ 的第 i 行第 j 列上的元素
$\boldsymbol{a}_{i,j}$	张量变量 $\mathbf{A}$ 的位置$[i,j]$上的向量
$A_{i,j,k}$	张量变量 $\mathbf{A}$ 的位置$[i,j,k]$上的元素

目　录

第1章 绪 论

1.1 研究背景

▶ 1.1.1 自主驾驶

自主驾驶汽车(self-driving cars)又称自主车或智能车(intelligent vehicles),是一种能在室外环境中自主完成驾驶任务的地面移动机器人。它能够感知外部环境信息,并结合上层任务,进行自主决策和路径规划,生成并执行制订或改变速度、转向的控制命令,从而完成在室外环境下的自主驾驶任务。它的研究涉及车辆动力学、智能控制、计算机视觉、模式识别、人工智能、计算机科学等众多前沿学科领域,自主驾驶汽车是对这些学科研究成果进行综合验证的重要实验和应用平台。自主驾驶技术在国防和国民经济领域具有广阔的应用前景:首先,它可以大幅地提高车辆运行安全性、舒适性和运行效率,它是智能交通系统(intelligent transportation system,ITS)领域的重要研究方向,实现安全、可靠、高效的完全自主驾驶是 ITS 发展的一个非常重要的目标。其次,它在航天、工业、农业、军事等领域也有着十分广阔的应用前景。在军事上,自主驾驶技术可用于无人作战平台,实现后勤保障、侦察、战场巡逻和打击目标的功能,构成未来作战系统(future combating system,FCS)的核心组成部分;在工业上可用于自动化车间的零件自动装配;在农业上利用自主农业机器人可以实现自动播种、除草、施肥和收割;在航天领域方面自主驾驶技术可用来研制执行火星和月球探测任务的移动机器人等。因此,近年来自主驾驶相关技术研究成为计算机信息科学领域的热点和焦点之一,并成为衡量一个国家科技和工业自动化水平的重要标志。

按照自主驾驶的自动化程度,美国国家公路交通安全管理局(National Highway Traffic Safety Administration)定义了自主驾驶的 6 个级别(更新于 2016 年的10 月):

0 级(无自动化):由人类驾驶者全权操作汽车,在行驶过程中可以得到警告和保护系统的辅助。

1 级(驾驶辅助):通过监控驾驶环境对方向盘和加减速中的一项操作提供驾驶辅助,其他的驾驶动作都由人类驾驶员进行操作。

2 级(部分自动化):通过监控驾驶环境对方向盘和加减速中的多项操作提供驾驶辅助,其他的驾驶动作由人类驾驶员进行操作。

3 级(条件自动化):在限定道路和环境条件下,由无人驾驶系统完成所有的驾驶操作。根据系统请求,人类驾驶者提供适当的应答。

4 级(高度自动化):由无人驾驶系统完成所有的驾驶操作。根据系统请求,人类驾驶者不一定需要对所有的系统请求作出应答。

5 级(完全自动化):由无人驾驶系统完成所有的驾驶操作。人类驾驶者在可能的情况下接管。

其中,0 级属于传统驾驶,1 级和 2 级属于驾驶辅助(监控者为人类驾驶者),而 3~5 级属于自主驾驶(监控者为系统)。

1. 自主驾驶的研究内容

自主驾驶的研究内容通常包括场景感知、局部路径规划和运动控制三个部分,主要内容如下:

(1)场景感知。要完成自主驾驶任务,需要获得车辆自身及周围环境的状态。场景感知即是车辆输入传感器——全球定位系统(global positioning system, GPS)、惯性导航系统(inertial navigation system, INS)、摄像头、雷达、里程计、测速码盘、加速度表等采集到的数据,经过处理而获得仅与驾驶相关的信息的过程。场景感知是自主驾驶任务的第一步,其处理结果直接影响着后续算法的性能。由于传感器数据的维数较高且包含大量噪声,因此场景感知是一项极具挑战的任务。

(2)局部路径规划。当获得了自身及周围环境的状态后,下一步便可结合上层任务制订车辆的行驶路径。局部路径规划即是车辆结合上层任务,经过处理而获得期望的行驶路径的过程①。路径规划是自主驾驶任务的核心部分,其处理结果直接影响整个自主驾驶过程。由于路径规划在自主驾驶中起关键作用,因此其算法需要综合考虑各方面的性能要求(如驾驶的安全性、舒适性和稳定性)。

(3)运动控制。当获得了规划好的路径后,下一步便可将其转化为控制命令(如油门大小、刹车大小和方向盘转角),使车辆能够按照预定的路径行驶。运动控制即结合车辆自身的动力学特性,经过处理而获得车辆控制命令的过程。运动控制是自主驾驶的实现途径,直接决定了车辆的运动行为。因此,运动控制算法需要具备较高的鲁棒性和精确性。

---

① 在后文中,路径规划将特指局部范围内的路径规划,而不包括上层任务中的全局路径规划。

在实际的自主驾驶任务中,以上三者通常是相互依赖且密不可分的,因此算法设计者只有充分地考虑彼此的特性才能够更好地提升系统的整体性能。

2. 自主驾驶的研究意义

汽车的发明和广泛使用极大地提高了现代人类生产和生活的效率。作为当前使用最广泛的交通工具,汽车给我们的生活带来了很大的便利,并成为生活中不可或缺的使用工具。然而,伴随着汽车工业的发展,汽车带来的土地资源占用、能源消耗、环境污染、交通拥堵、交通事故等问题也越来越受到人们的关注。尤其是交通事故问题[1],在世界范围内每年有近120万人在交通事故中丧生。中国公安部交通管理局官方网站公布数据显示,2011年第一季度全国共发生道路交通事故884315起,其中涉及人员伤亡的道路交通事故41691起,造成12354人死亡、47961人受伤,直接财产损失2.2亿元。统计显示,75%以上的交通事故是由人类驾驶员失误导致的。

实践经验告诉我们,驾驶是一件非常复杂而又危险的任务。在整个驾驶过程中,驾驶员担负着实时感知周围环境和车辆自身状态、行为决策、路径规划和车辆控制的任务,一旦分散注意力就有可能带来灾难性的后果。为了提高汽车的安全性能、减轻驾驶员的负担、降低车内外人员在交通事故中受伤的概率,近30年来,很多学术界和工业界的研究人员一直致力于汽车主动安全技术(active safety)、高级驾驶员辅助系统(advanced driver assistance systems, ADAS)和自主驾驶技术的研究,并且已经开发出了一系列用于车辆主动安全的产品[2]。例如,目前已经广泛应用于商用车辆的防抱死系统(anti-local braking system, ABS)和巡航控制系统(cruise control system)。另外一些汽车主动安全产品,如自适应巡航控制(adaptive cruise control, ACC)、车道跑偏预警(lane departure warning, LDW)、车辆稳定性控制(vehicle stability control, VSC)、电子稳定性程序(electronic stability program, ESP)、前碰撞预警系统(front collision warning system, FCWS)、紧急自动制动(autonomous emergency braking, AEB)等已经在一些高端商用车辆上得到使用[3]。这些车辆主动安全技术的应用在一定程度上提高了车辆的安全性能,降低了由于驾驶员失误而导致交通事故的概率,减轻了车内外人员在交通事故中的受伤程度。尽管如此,这些车辆主动安全技术大多数都在紧急情况下才启用,或者仅起到警告提醒作用,并不会长时间连续控制车辆转向、刹车和油门等执行机构,因此在实际中很难将驾驶员从繁重而危险的驾驶任务中解放出来。

与之相比,自主驾驶技术的研究目的是实现在完全没有人工干预的情况下,由自主驾驶系统完成驾驶任务。自主驾驶系统将会尽可能地避免车辆控制进入紧急状态或者不可避免碰撞状态(inevitable collision state, ICS),起到"防患于未然"的目的;或即使在紧急状态下,也能够保证车辆的安全性和控制的稳定性。

与车辆主动安全技术相比,自主驾驶技术的理论和技术的研究也更复杂,但应用前景更广阔。因此,自主驾驶技术一直以来都受到学术界和工业界研究人员的广泛关注。

3. 自主驾驶的发展过程

由于自主驾驶技术的研究在交通、军事、工业、农业、航天等领域都有着广阔的应用前景,因此引起了来自工业界和学术界研究人员的广泛关注,尤其是计算机科学和汽车工业领域的研究人员。

自主驾驶技术的研究可以追溯到 20 世纪 60 年代,美国俄亥俄州立大学(Ohio State University,OSU)的 Fenton 教授领导的团队开始进行自主车辆侧向控制和纵向控制方面的研究[4],并取得了一系列的研究成果,之后该团队也一直从事自主驾驶技术方面研究。与此同时,美国斯坦福大学人工智能研究小组开发了 Shake 移动机器人,并将其作为人工智能方面研究的实验平台[5-6]。

进入 20 世纪 80 年代后,自主驾驶技术逐渐兴起,美国卡内基梅隆大学(Carnegie Mellon University,CMU)推出 Navlab 系列自主车,这些车辆由小型轿车、多用途车和大型客车改装而成[7]。这一时期,美国政府资助下很多研究小组积极开展高速公路自动化研究[8],最著名的是加州伯克利分校的加州道路研究项目组,他们开展了 PATH(California partners for advanced transit and highways)项目,该项目主要通过使车辆以间距紧密的车队行驶来改善高路公路的流通量、可靠性和运行效率。这一时期,自主驾驶技术的研究还引起了美国军方的兴趣,他们预见了自动驾驶汽车在未来军事战场上的潜在优势,为此美国国防部设立自动驾驶汽车研究专项,并制定了地面无人作战平台的战略计划。其中美国国防高级研究计划局(Defense Advanced Research Projects Agency,DARPA)牵头开展的 Demo Ⅱ 和 Demo Ⅲ 地面无人车辆计划代表了当时世界范围内自主驾驶技术的最高水平。Demo Ⅲ 具有在结构化道路和非结构化越野环境的自主驾驶能力,还具有编队行驶功能,在结构化道路上行驶速度峰值可达 65km/h,在非结构化越野环境下时速峰值达到 35km/h[9-10]。同一时期,在德国由 Dickmanns 教授带领的研究小组也在进行基于视觉导航的高速公路自主驾驶研究。1994 年,在巴黎附近的一段高速公路上,他们展示了由两辆自动驾驶汽车组成编队的自主驾驶演示实验,车道保持的时速峰值可达 130km/h,并且具有车队保持和变道功能[11];次年他们又在德国慕尼黑到丹麦欧登塞之间的一段高速公路上进行了自主驾驶实验,并且车辆自主驾驶速度峰值达到 175km/h[12]。

1995 年,由卡内基梅隆大学的机器人研究所(robotics institute,RI)研发的 Navlab5 自主驾驶汽车开展了从美国匹兹堡到圣地亚哥的长达 3000 英里(1 英里≈1.6 千米)的自主驾驶实验,其中汽车的转向控制由计算机完成,速度由驾驶员来控制。在这次长途自主驾驶实验中,96% 的路程由计算机自主控制[13]。另外一个著名的长途自主驾驶实验由意大利帕尔马大学 Broggi 教授率领的视觉技术研究小组 VisLab 开展，他们于 1996 年启动了名为 ARGO 的项目[14]，完成了总长为 1900km 的自主驾驶实验，其中 94% 为全自主驾驶，最长的连续自主驾驶里程为 55km。之后，Broggi 教授领导的研究小组也一直从事自主驾驶技术相关研究，特别值得一提的是，该小组在 2010 年完成了横跨亚欧大陆总长为 13000km 的自主车长途实验[15]，历时 3 个月从意大利帕尔马出发到达中国上海，并在上海世博会进行展示。此次，他们积累了大量的实验数据，为之后的研究奠定了基础。

进入 21 世纪后，自主驾驶技术的研发得到越来越多学术界和工业界研究人员的重视，并快速的发展。美国 DARPA 举办的三次面向世界范围的自主车挑战赛，将自主驾驶技术的研究推向了新的阶段。2004 年 3 月，在美国西部莫哈维沙漠区举办了第一届"DARPA Grand Challenge"，比赛全程为 227km 的越野环境。来自世界各国的 107 支队伍参赛，经过资格赛后，最后确定了 15 支队伍参加决赛。遗憾的是，没有任何一支队伍完成超过 5% 的赛程。次年 10 月，DAPRA 举办第二届"DARPA Grand Challenge"，同样选择在莫哈维沙漠区的越野环境举行，并把赛程增加到 244km，这一次参赛队伍数目增加到 195 支，经过资格赛后 23 支队伍获得了决赛资格，最终有 5 支队伍完成了比赛，来自斯坦福大学的"Stanley"代表队以 6 小时 53 分 20 秒夺冠，自主车最高时速达到 56.16km/h，来自卡内基梅隆大学的"Sandstorm"和"H1ghlander"自主车分别获得第 2 和第 3 名[16,17]。2007 年 11 月，DARPA 又举办了面向城市环境的自主驾驶挑战赛"DARPA Urban Challenge"[18-21]，考验自主车面对复杂动态交通环境时的感知、自主决策和规划能力。比赛中自主车除了要考虑静态障碍物避障外，还要与其他动态车辆进行交互，完成车道保持、超车、汇入车流、U-turn、泊车等复杂的驾驶行为。来自世界各国的 89 支队伍参赛，经过测试后，11 支队伍获得了决赛资格，决赛全程为 97km。最终有 6 支队伍完成了比赛，其中来自卡内基梅隆大学的"Boss"参赛队以 4 小时 10 分获得冠军，来自斯坦福大学的"Junior"和弗吉尼亚理工大学的"Odin"分别获得第 2 和第 3 名。

此后，欧洲各国、韩国等也纷纷举办了自主车挑战赛。例如，欧洲举办了面向车间互联通信"合作驾驶挑战赛（grand cooperative driving challenge, GC-CD）"[22]，以及面向复杂越野环境的自主车比赛 euRathlon[23]；韩国在现代汽车公司的组织下已经举办了三届"自主车比赛（autonomous vehicle competition, AVC）"[24]。

这些自主车比赛吸引了大量自主驾驶领域学术界和工业界研究人员的关注，进一步促使了产生自主驾驶技术的研究热潮，呈现出高校、研究机构和著名汽车企业甚至互联网公司展开合作的新局面，有力地推进了自主驾驶技术向成熟化、产业化的进一步发展。斯坦福大学 Thrun 教授领导的人工智能研究团队与 Google 公司展开合作[25]，斯坦福大学 Gerdes 教授领导车辆动力学控制研究小组和奥迪公司合作[26]，卡内基梅隆大学和美国通用汽车合作[27]，德国卡尔斯鲁厄理工学院 Stiller 教授领导的团队与梅赛德斯奔驰及戴姆勒公司进行合作[28]。此外，著名的汽车行业服务公司 Uber，汽车零部件供应商如 Delphi、Bosch 等也纷纷加入了自主驾驶技术的研究行列。自主驾驶技术的研究在很多国家都得到了政府部门的大力支持。为了加速自主驾驶技术的发展和商业应用，很多国家纷纷出台政策，允许自主车在交通正常的道路上进行实测。美国目前已经有 4 个州(内华达州、佛罗里达州、加利福尼亚州、密歇根州)以及华盛顿哥伦比亚地区通过了允许自主驾车辆在正常道路环境中，在有专业人员监督下进行测试的法律。在欧洲，德国、荷兰、西班牙、英国等国政府已经通过了类似的法案，而在之前，所有的测试只能在封闭场地进行，法国、意大利、比利时等国政府正在考虑这方面的法律制定工作。新加坡政府的陆路交通管理局在 2014 年也开始允许在开放交通环境中对自主车的路测。

我国关于自主驾驶汽车的研究始于 20 世纪 80 年代末期。"八五"期间，南京理工大学、国防科技大学、清华大学、浙江大学等六所高校联合研制了我国第一辆自主车——ALVLAB Ⅰ，它在直路上的最高行驶速度为 21.6km/h，弯路行驶及避障时速度为 12km/h。"九五""十五"期间我国继续组织相关高校研究了第二代 ALVLAB Ⅱ、第三代 ALVLAB Ⅲ，技术逐步提高。国防科技大学从 20 世纪 80 年代开始，率先进行自主驾驶技术的研究，一直坚持至今，取得了一系列成就。1991 年国防科技大学研制的自主车实现了结构化公路低速驾驶。于 2000 年研制的 BJ2020 自主车实现了速度峰值为 75.6km/h 的高速公路车道行驶保持。此后，国防科技大学和第一汽车集团合作，于 2003 年成功研制了面向高速公路自主驾驶的红旗自主驾驶汽车，该车在高速公路上最高稳定自主驾驶速度为 130km/h，并且最高峰值速度达到 170km/h，同时具备了换道和超车功能，其总体性能达到了当时世界先进水平。2011 年，国防科技大学又成功研制了红旗 HQ3 自主车，该自主车首次完成了从长沙到武汉 286km 的高速公路自主驾驶实验，全程自主驾驶平均时速为 87km/h，自主超车 67 次，全程人工干预里程小于 1%，创造了我国自主研制自主车在复杂交通状况下自主驾驶的新纪录，标志着我国自主驾驶技术在环境感知、自主决策和智能控制等方面实现了新的技术突破。

2009 年，在国家自然科学基金委员会重大研究计划"视听觉信息的认知计算"的支持下，国家自然科学基金委开始主办"中国智能车未来挑战赛"系列赛事。该赛事汇聚了全国多家自主车的研究单位，包括清华大学、中国科学院、北京理工大学、国防科技大学、军事交通学院、南京理工大学、西安交通大学、武汉大学、吉林大学、浙江大学、同济大学、湖南大学等。该赛事强调基于自主驾驶汽车平台来研究视觉和听觉认知的计算机理和模型,该系列赛事的成功举办大大加速了我国自主驾驶技术的发展。截至 2018 年,"中国智能车未来挑战赛"已举办了十届,在历届赛事中,中国科学院、国防科技大学、军事交通学院、北京理工大学、西安交通大学和清华大学均获得过冠军。

▶▶ 1.1.2　自主驾驶场景感知

如 1.1.1 内"2. 自主驾驶的研究内容中"所述,场景感知旨在对车辆传感器采集到的数据进行处理,从而获得车辆自身及周围环境的状态。通常,场景感知涉及到多项子任务,其中较为常见的包括:定位(localization)[29]、建图(mapping)[30]、目标检测(object detection)[31]、目标分割(object segmentation)[32]、目标识别(object recognition)[33]、目标跟踪(object tracking)[34]、信息融合(information fusion)[35]和场景理解(scene understanding)[36]。

(1) 定位:定位是指获取车辆自身状态(位置、速度、加速度、姿态、角速度、角加速度等)的过程。

(2) 建图:建图是指利用不同位置的局部范围感知结果来构建大范围地图的过程。

(3) 目标检测:目标检测是指从传感器数据中获取目标物体(车辆、行人、道路、车道线、红绿灯等)位置和尺寸的过程。

(4) 目标分割:目标分割是指从传感器数据中获取目标物体轮廓的过程。

(5) 目标识别:目标识别是指从传感器数据中获取目标物体类别的过程。

(6) 目标跟踪:目标跟踪是指从传感器数据中持续地获得同一目标物体的在不同时刻的位置、大小、类别等信息的过程。

(7) 信息融合:信息融合是指对不同的感知结果进行综合,以获得一致的场景感知结果的过程。

(8) 场景理解:场景理解是指对场景感知结果进行分析和推理,以获得场景中高层语义信息(物体的行为意图、车辆自身所面临的任务等)的过程。

在实际应用中,这些子任务通常相互联系、相辅相成,并可同时进行。例如,同步定位与建图(simultaneous localization and mapping)能够同时完成定位和建图任务[37-38];语义图像分割(semantic image segmentation)能够同时完成目标检测、目标分割和目标识别任务[39-40]。

▶▶ 1.1.3　面向自主驾驶场景感知的深度学习

为了减少人工调节场景感知算法参数所耗费的人力和时间,大多算法采用了监督式机器学习(supervised learning)算法,如支持向量机(support vector machine，SVM）[41]、最近邻（nearest neighbor）[42]、贝叶斯网络（Bayesian network）[43]和决策树（decision tree）[44]，利用标注的数据便可训练出模型参数。

然而，由于传感器数据的维数较高且包含大量噪声，这些传统的机器学习模型通常面临以下两个问题：

（1）表达能力不足。由于大多数模型（如 SVM 和最近邻）均采用浅层（小于 3 层）架构（shallow architectures），因此它们很难表达复杂的输入-输出映射[45]，会导致训练数据的欠拟合（underfitting）。

（2）需要人工提取特征。由于浅层架构的表达能力有限，因此通常需要对高维的传感器数据进行人工的特征提取，再输入这些低维的特征，从而降低模型的负担。然而，人工提取特征不但很难保证算法设计的最优性，而且还会耗费一定的人力和时间。

为了克服上述问题，近年来提出的深度学习（deep learning）[46-47]在场景感知中得到了广泛的应用。

深度学习通常指以深层（3 层及以上）架构（deep architectures）模型为主体的机器学习算法[45-47]，如多层感知器（multi-layer perceptron，MLP）[48]、卷积神经网络（convolutional neural network，CNN）[49-50]、循环神经网络（recurrent neural network，RNN）[51-53]和自编码器（auto-encoder，AE）[54]。相比浅层的传统机器学习算法，深度学习具备以下优势：

（1）表达能力强。深层架构模型可作为一个通用的函数逼近器（universal function approximator）。例如，一个 3 层的 MLP 便能以任意精度逼近任何的光滑映射[55-56]。

（2）无需人工提取特征。由于深层架构模型具有很强的表达能力，因此能够直接输入高维的传感器数据，对模型进行端对端（end-to-end）的联合训练（joint training）。这样不但能够满足算法设计的最优性，而且还可免除人工提取特征所耗费的人力和时间。

（3）模型更紧凑。深层架构模型通过特征共享（feature sharing）来实现特征的重复利用，不但使模型更加紧凑，也大大增加了模型的泛化能力。在具备同样表达能力的情况下，浅层架构模型所需要的计算单元通常是深层架构模型的指数倍[45,57]。

由于深度学习具备上述优势，目前它已被广泛地用于场景感知的各项子任务中（例如定位与建图[58]、目标检测[59]、目标分割[60]、目标识别[61]、目标跟踪[62]、信息融合[63]和场景理解[64]），并均取得了很好的效果。

虽然深度学习在场景感知中表现良好，但其同时也存在若干问题，主要包括：

（1）数据需求量大。由于从传感器数据到感知结果的映射通常十分复杂，因此模型也需要包含较多的参数。为了更好地训练这些参数并防止过拟合 (overfitting)，模型对数据的需求量也较大。

（2）人工标签需求量大。由于目前大多数用于场景感知的深度学习算法均采用监督式学习的方式，在需要大量数据的情况下，相应地也需要大量的人工数据标签，导致耗费大量的人力和时间。

（3）缺乏可解释性。由于大多数深度学习算法采用端对端的方式将任务建模为一个黑箱问题，因此其中间结果通常难以解释，从而很难对算法进行诊断和调试。

上述问题严重限制了深度学习在场景感知中的应用。

1.2 研究内容

本书旨在研究自主驾驶汽车的场景感知和局部路径规划这两项关键技术。由于自主驾驶是一项时序任务，且深度学习可大幅提高场景感知的性能，因此，本文以深度学习中应用最广泛的时序模型——循环神经网络（RNN）为主体，开发了不同的架构来解决不同的场景感知任务，将这些以循环神经网络为主体的架构统称为循环神经架构（recurrent neural architectures）。在保证场景感知性能良好的同时，着力于缓解第 1.1.3 节所述的深度学习在场景感知中所面临的三个问题。为进一步提高自主驾驶对场景的适应性，这里也对局部路径规划算法进行了深入研究。本书所研究的内容包括：

（1）动态场景预测。对车载摄像头所采集到的图像序列进行预测，并以预测后的图像代替当前图像输入到后续算法中，弥补整个系统的时延，进而提高自主驾驶的性能。

（2）多目标检测（multi-object detection，MOD）。从车载摄像头采集到的图像序列中检测多个目标物体的位置和大小，融合到场景感知结果中，进而为后续的局部路径规划提供依据。

（3）多目标跟踪（multi-object tracking，MOT）。从车载摄像头采集到的图像序列中跟踪多个目标物体的位置和大小，融合到场景感知结果中，进而为后续的局部路径规划提供依据。

（4）局部路径规划。结合上层任务，以融合后的场景感知结果作为输入，经过处理而获得期望的行驶路径，进而为后续的运动控制提供依据。

其中，（1）~（3）属于场景感知任务，而（4）为局部路径规划任务。

本书所研究的内容与整个自主驾驶任务的关系如图 1.1 所示。在自主驾驶的每一个周期中，首先将序列图像通过动态场景预测模块输入到多目标检测模块和多目标跟踪模块中，其次将检测结果、跟踪结果和其他算法所获得的感知结果(如道路、车道线和红绿灯等)通过感知结果融合模块输入到局部路径规划模块中,局部路径规划模块根据融合后的感知结果以及上层任务给出的导引路径得到规划后的路径,并将其输入到运动控制模块,从而获得控制命令来驱动车辆行驶。本文在第 2~第 5 章分别对动态场景预测、多目标检测、多目标跟踪和局部路径规划进行了介绍,在第 6 章对全书进行了总结和展望。

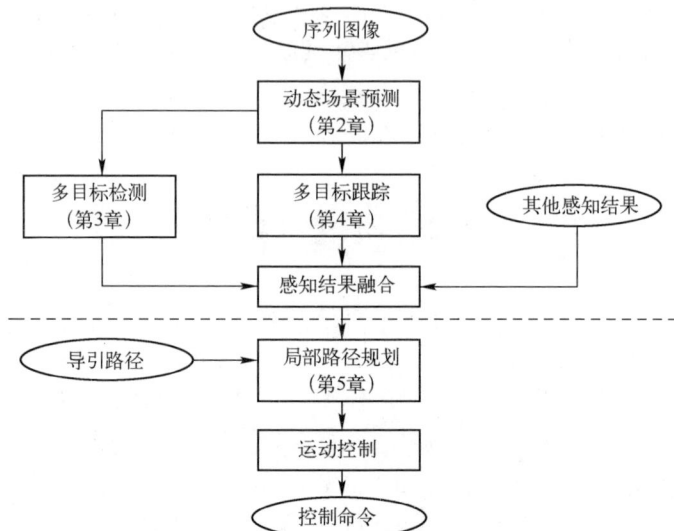

图 1.1 本书内容与整个自主驾驶任务的关系

1.3 国内外的研究现状

下面分别围绕本文的 4 个主要研究内容:动态场景预测、多目标检测、多目标跟踪和局部路径规划,针对国内外的研究现状进行介绍。

▶ 1.3.1 动态场景预测

如今,文本、图像、视频等多媒体数据无处不在,而这些数据通常可用时间序列的形式来表示。例如,文本可被表示为字符的时间序列,图像可被表示为像素的时间序列,而视频可表示为图像的时间序列。利用 RNN,便能很好地对这些时间序列数据进行建模和预测。通常,文本建模涉及许多自然语言处理任务,如情感分析(sentiment analysis)[65]、词性标注(part-of-speech tagging)[66]、机器翻译(machine translation)[67]和问题回答(question answering)[68],图像建模涉及许多计算机视觉任务,如图像分割[69]、深度估计(depth estimation)[70]、图像生成

(image generation)[71]和超分辨率(super-resolution)[72],而视频建模也涉及许多计算机视觉任务,如目标跟踪[62]、视频分割(video segmentation)[73]、运动估计(motion estimation)[74]和动态场景预测[75]。

虽然上述任务多种多样,但它们均可被形式化为时间序列预测问题。RNN是一种非常流行的模型,它能够将输入历史中的有用信息封装在一个隐状态向量中。然而,标准的 RNN 通常因梯度消失和爆炸而无法较好地捕获长期依赖[76]。长短期记忆(long short-term memory,LSTM)[52,77]通过引入记忆单元(memory cell)来更久地存储信息,并通过引入门控机制(gating mechanism)来进行信息路由工作,从而大大地缓解了上述情况。由于 LSTM 在时序建模中取得了成功,因此可以通过进一步提高容量,使其更有效地应用于更多的任务中。神经网络的容量通常取决于它的宽度和深度,前者反映了可以并行处理的信息量,而后者反映了处理信息所需的计算步数[45]。虽然在神经网络中使用更多隐层单元可以加宽 LSTM,但它会使参数量成平方增加。另外,虽然栈式 LSTM(stacked LSTM,sLSTM)通过堆叠多个隐层来加深 LSTM[78],但其计算时间会随层数线性增长,并且输入的信息在垂直通过 LSTM 隐层时很可能会损失(由梯度消失或爆炸引起)。

▶ 1.3.2　多目标检测

目标检测是自主驾驶场景感知中的一个关键步骤,其目的是在每一视频帧中用边界框(bounding box)来定位多个物体,这对自主驾驶的后续任务(如目标识别、目标跟踪、行为分析和场景理解)至关重要。多年来,计算机视觉领域的研究者们已对基于视觉数据的 MOD 进行了广泛的研究。例如,可变形部件模型(deformable part models,DPMs)[97]一类的经典方法通常遵循"分而治之(divide and conquer)"的思路,即首先使用滑动窗口(sliding window)方法生成图像区域,其次使用分类器(如 SVM)将每个区域分为目标和非目标,最后应用后处理来细化目标区域的边界框(如去除异常值、合并重复边界框和校正边界)。为了提高MOD 的效率和性能,研究者们提出了基于区域卷积神经网络(region-based CNN,R-CNN)的方法[40,98-100],这些方法在多种流行的目标检测数据集[101-105]上均表现良好。与以前的方法相比,它们选择性地仅生成少量的候选图像区域,并使用 CNN 作为更具表达力的分类器。但是,由于这种"分而治之"的方法将MOD 问题分解为了若干子问题并分别对它们进行优化,因此所得到的解决方案通常是次优的。为了联合优化 MOD 问题,文献[106-108]中将目标检测形式转化为一个直接将图像映射到物体边界框的回归问题,实现了端对端的学习,大大地简化了 MOD 过程。

所有上述方法都依赖需要标注数据的监督式学习,而手动标注物体边界框非常昂贵。此外,与一般的 MOD 任务不同,对于场景感知中的图像序列,通常更关注特定类别的物体,并且由于图像序列的背景具有较高的相似性,因此便于提取并检测。

近年来,一些工作已经开始使用无监督学习来从图像中提取信息,例如文献[109-111]介绍如何寻找底层解耦合因子,文献[112-114]介绍如何提取中层的语义信息,而文献[115-119]则介绍如何寻找高层的语义信息。然而,这些方法通常不涉及 MOD 任务。

▶▶ 1.3.3　多目标跟踪

本书介绍对于图像序列中的 MOT 任务,其目的是给定历史输入帧的情况下,从当前输入帧提取若干感兴趣物体边界框。每个边界框应与物体一一对应,因此应在不同的帧中保持其 ID 不变。MOT 是一项极具挑战性的任务,因为它必须处理:①未知数量的物体。当物体出现或消失时,需要正确初始化/终止跟踪器。②频繁的物体遮挡。这要求跟踪器推理物体之间的深度关系。③同一物体的姿态(如旋转、缩放和平移)、形状和外貌的突然变化,或不同物体的相似属性。这两者都会使数据关联变得困难。④背景噪声(如光照变化和阴影)。其可能会扰乱跟踪。

为了克服上述问题,可使用具有表达能力的特征或提高数据关联的鲁棒性。例如,在主流的通过检测跟踪(tracking-by-detection, TBD)框架[120-123]中,首先用性能良好的物体检测器从每一输入帧中提取物体特征(如候选边界框),其次用适当的匹配算法来关联不同帧的这些特征,从而获得物体轨迹。为了减少在人工调节物体检测器或匹配算法的参数中所需的人力,许多机器学习方法被集成到了 TBD 的框架中并且大大地提高了其性能[62,124-126]。这些方法大多都基于监督式学习,而人工标注视频数据通常非常耗时。此外,由于 TBD 框架没有综合地考虑特征提取和数据关联,即它不是端对端的,因此通常只能得到次优解。

目前已有许多方法使用无监督学习从视觉数据中提取可解释的表示:一些方法试图寻找底层解耦因子(文献[109-111]针对图像,文献[127-131]针对视频),一些方法试图提取中层语义(文献[112-114]针对图像,文献[132-134]针对视频),一些方法试图提取高层语义(文献[115-119]针对图像,文献[135, 136]针对视频)。然而,这些方法均不针对 MOT 任务。此外,在 MOT 任务中,数据关联可以是离线的[137-143]或在线的[144-146],确定的[147-149]或概率的[150-153],局部的[122,123,154]或全局的[155-157]。

▶▶ 1.3.4　局部路径规划

当车辆通过场景感知获得自身及周围环境的状态后,下一步便可结合上层任务制定车辆的行驶路径。局部路径规划是车辆结合上层任务,输入场景感知结果经过处理而获得期望行驶路径的过程。局部路径规划是自主驾驶任务的核心部分,因此其处理结果直接影响整个自主驾驶过程。在过去的 30、40 年中,学者们对自主车局部路径规划问题进行了大量的研究,并提出了很多有效的算法。在这些算法中,最主要的两类为轨迹生成法和图搜索法。轨迹生成法采取分而治之的思路,将规划问题分解为若干子问题并分别对其进行求解,优点是速度快、路径平顺,缺点是通常只能获得次优解;而图搜索法将规划问题看作序列决策问题,虽然能够在一定条件下保证其最优性,却通常十分耗时且很难保证路径的平顺。

事实上,在自主驾驶中,由于自主驾驶面临的环境具有不同的复杂度,以及自主驾驶面临的任务多种多样(如城市道路、高速道路、乡村道路和越野道路),因此很难找到一种合适的规划算法来满足实际需求。为此,本书提出了一种基于双过程理论的分层局部路径规划算法。该算法不但能够根据环境的复杂度自动选择合适的规划层,还能够通过面向任务的规划层调度机制来很好地完成城市道路、高速道路、乡村道路和越野道路等多种任务下的局部路径规划。

对于现有的局部路径规划算法,本书将其分为轨迹生成法、图搜索法和其他方法,具体分类如下:

(1)轨迹生成法。自主车局部路径规划需要实时计算得到从起始状态到结束状态的无碰撞路径,并针对特定的指标对轨迹进行优化,同时需要满足系统的模型约束和环境约束。为此,研究者们通常将自主车的局部路径规划问题形式化为两点边值约束满足问题(two-point boundary value problem),又称轨迹生成问题。根据求解方式不同,轨迹生成法可分为几何法和连续空间法。轨迹生成方法的优势在于它能够很好地处理系统的模型约束以及起点和终点的边界约束,而其局限性在于无法很好地处理复杂的障碍物约束。为此,一些学者采用拓扑学方法对原始的生成轨迹进行变形迭代,直到不与障碍物碰撞[158];一些学者利用几何法把避障约束形式化为不等式约束,利用模型预测控制中的优化方法来求解[159-160],但这些方法通常计算量较大,且只能处理一些稀疏的、形状规则的障碍物。

(2)图搜索法。当环境中的障碍物分布较为复杂时,在连续状态空间中利用轨迹生成法将很难直接计算得到从起始状态到结束状态的无碰撞参考路径。为减少在连续状态空间中进行规划的复杂度,需要对系统的配置空间进行离散化处理,从而把路径规划问题形式化为序列决策问题,并利用图搜索的方法进行求解[161]。根据构建搜索图方法的不同和搜索策略的不同,图搜索法可分为确定性图搜索法和随机采样图搜索法[162]。确定性图搜索法的搜索过程按照特定的策略进行,因此对于同一种规划问题,每次的规划结果保持不变;随机采样图搜索法的扩展策略依赖每次生成的随机数,因此对同一种规划问题,每次的规划结果会有所不同。利用图搜索法,可以在复杂障碍物环境中或者高维机器人运动空间中,计算一条从起始状态到结束状态的长距离无碰撞路径,并克服反应式导航易使路径规划陷入局部最优的缺陷。由于计算复杂度高且实时性差,图搜索法难以处理突然出现的障碍物,因此通常只能用于低速运动的机器人或者离线运行。此外,由于规划的轨迹通常由序列轨迹基元串联获得,其连接处的曲率通常不连续,为了提高规划结果的光滑性,一般采用平滑算法进行后处理[163-167]。

(3)其他方法。除了轨迹生成法和图搜索法,其他常用的规划方法还包括传统算法和智能仿生学算法。传统算法在解决实际问题时往往存在着难以建模的问题;智能仿生学算法是人们通过对仿生学进行研究而发现的算法,在处理复杂动态环境下的路径规划问题时,来自自然界的启示往往能起到更好的作用。

1.4 展　望

针对本书所提出的面向自主驾驶场景感知的循环神经架构,在未来的工作中,作者还希望从以下几个方面继续进行研究:

(1)在设计循环神经架构中充分考虑不确定因素导致的不确定性。目前的循环神经架构中的隐状态均为对实际情况的确定性点估计,因此这些状态在更新时容易受到噪声等因素的干扰,导致整个自主驾驶系统不稳定。因此,为了提高系统的稳定性,如何将不确定性引入循环神经架构中,如何实现模型状态的贝叶斯估计,如何在模型训练时利用噪声对其进行正则化,都是非常值得研究的问题。

(2)在场景感知任务中更多地结合先验知识。针对场景感知中的动态场景预测、多目标检测和多目标跟踪这三个任务,本书通过结合先验知识大大地降低了模型对参数和数据量的需求。然而,在场景感知中还有定位、建图、目标分割、目标识别、信息融合、场景理解等诸多任务。如何根据各项任务的特点引入合适的先验知识来减少模型对参数和数据量的需求,仍然还需进行大量研究。

(3)在局部路径规划和运动控制任务中更多地利用学习算法。本书主要探索了循环神经架构在场景感知中的应用。然而,在自主驾驶中,局部路径规划和运动控制同样至关重要。相对于场景感知,局部路径规划和运动控制的输入和输出数据的维度均要低得多,且它们的数据标签(如车辆的行驶轨迹、油门大小、刹车大小和方向盘转角)通常可直接获得而无需人工标注。因此,研究将循环神经架构等学习算法应用于局部路径规划和运动控制中更具吸引力。

（4）在整个自主驾驶系统中充分考虑各部分之间的联系。目前本书将自主驾驶任务划分为了场景感知、局部路径规划和运动控制 3 个部分，并对前 2 个部分进行了独立的研究，虽然实现了系统的模块化，但通常只得到了次优的解决方案。例如，目前场景感知结果的好坏通常由经验性的指标来判定，并没有以自主驾驶的性能作为其评判标准，因而导致所学的算法也是次优的。因此，如何以提升自主驾驶的性能为终极目的来综合地优化场景感知、局部路径规划和运动控制算法中的参数，是一项非常有意义的研究内容。

第2章 面向动态场景预测的
张量式循环神经网络

动态场景预测旨在根据车载摄像头所采集的历史图像序列预测后续的图像序列,从而补偿自主驾驶系统中的延时。RMV[51,175]是一种非常流行的机器学习模型,它能够以递归的方式对此类时间序列进行建模和预测,而 LSTM 对 RNN进行了扩展,使其能够更长时间地对信息进行记忆。为进一步提升 LSTM 的性能,可采用增加其每一层的宽度或增加其层数的方法。然而,这通常需要额外的参数和计算时间,从而增加训练的难度。因此,本章提出了一种张量式 LSTM(tensorized LSTM,tLSTM),其隐状态被张量化为多维数组(即张量),并通过跨层卷积(cross-layer convolution)进行更新。由于参数被张量中不同的位置所共享,因此可以通过增加张量化尺寸(tensorized size)来有效增加模型的宽度,且无需增加额外的参数;由于时间序列的时域计算合并了每个时间步的深度计算,因此可以通过延迟输出来隐式地增加模型的深度,且几乎无需增加额外的计算时间。实验表明,tLSTM 能够很好地完成动态场景预测任务。此外,该模型还具备很强的通用性,能够胜任文本生成、文本计算和图像分类等多种时序预测任务。

2.1 引   言

文本生成、文本计算和图像分类等任务均可被形式化为时间序列预测问题。虽然这些任务多种多样,但它们均可被形式化为时间序列预测问题。例如,文本预测任务可被形式化为给定的时间序列 $x_{1:t} = \{x_1, x_2, \cdots, x_t\}$ 生成所需的输出 y_t(对于每一时刻 $t = 1, 2, \cdots, T$),其中 $x_t \in \mathbb{R}^U$ 和 $y_t \in \mathbb{R}^V$ 为向量(本文默认所有向量为行向量)。RNN 是一种非常流行的模型,它能够学得将输入历史 $x_{1:t}$ 中的有用信息封装在一个隐状态向量 $h_t \in \mathbb{R}^M$ 中。在标准的 RNN[51,175]模型中,通过将输入 x_t 与前一时刻的隐状态 h_{t-1} 合并,可首先得到

$$h_{t-1}^{\mathrm{cat}} = [x_t, h_{t-1}], \quad h_{t-1}^{\mathrm{cat}} \in \mathbb{R}^{U+M} \tag{2.1}$$

然后更新隐状态:

$$a_t = h_{t-1}^{\mathrm{cat}} W^h + b^h \tag{2.2}$$

$$\boldsymbol{h}_t = \phi(\boldsymbol{a}_t) \tag{2.3}$$

式中：$\boldsymbol{W}^h \in \mathbb{R}^{(U+M) \times M}$ 和 $\boldsymbol{b}^h \in \mathbb{R}^M$ 分别为权值（weight）和偏置（bias）参数；$\boldsymbol{a}_t \in \mathbb{R}^M$ 为 $\boldsymbol{h}_t$ 的激活（activation）；$\phi(z) = (e^z - e^{-z})/(e^z + e^{-z})$ 为逐元素（element-wise）的 tanh 函数。RNN 最终在时刻 t 生成并输出：

$$\boldsymbol{y}_t = \varphi(\boldsymbol{h}_t \boldsymbol{W}^y + \boldsymbol{b}^y) \tag{2.4}$$

式中：$\boldsymbol{W}^y \in \mathbb{R}^{M \times V}$；$\boldsymbol{b}^y \in \mathbb{R}^V$；$\varphi(\cdot)$ 为与任务相关的可微变换（differentiable transformation）。

为克服 RNN 中的梯度消失和爆炸问题[76]。LSTM[52,77] 通过引入记忆单元和门控机制，其隐状态 $\boldsymbol{h}_t$ 更新如下：

$$[\boldsymbol{a}_t^g, \boldsymbol{a}_t^i, \boldsymbol{a}_t^f, \boldsymbol{a}_t^o] = \boldsymbol{h}_{t-1}^{\text{cat}} \boldsymbol{W}^h + \boldsymbol{b}^h \tag{2.5}$$

$$[\boldsymbol{g}_t, \boldsymbol{i}_t, \boldsymbol{f}_t, \boldsymbol{o}_t] = [\phi(\boldsymbol{a}_t^g), \sigma(\boldsymbol{a}_t^i), \sigma(\boldsymbol{a}_t^f), \sigma(\boldsymbol{a}_t^o)] \tag{2.6}$$

$$\boldsymbol{c}_t = \boldsymbol{g}_t \odot \boldsymbol{i}_t + \boldsymbol{c}_{t-1} \odot \boldsymbol{f}_t \tag{2.7}$$

$$\boldsymbol{h}_t = \phi(\boldsymbol{c}_t) \odot \boldsymbol{o}_t \tag{2.8}$$

式中：$\boldsymbol{W}^h \in \mathbb{R}^{(U+M) \times 4M}$ 和 $\boldsymbol{b}^h \in \mathbb{R}^{4M}$ 为参数；$\boldsymbol{a}_t^g, \boldsymbol{a}_t^i, \boldsymbol{a}_t^f, \boldsymbol{a}_t^o \in \mathbb{R}^M$ 分别为新息（new content）$\boldsymbol{g}_t$、输入门（input gate）$\boldsymbol{i}_t$、记忆门（forget gate）$\boldsymbol{f}_t$ 和输出门（output gate）$\boldsymbol{o}_t$ 的激活；$\boldsymbol{c}_t \in \mathbb{R}^M$ 为更新后的记忆单元；$\sigma(z) = 1/(1 + e^{-z})$ 为逐元素的 sigmoid 函数；$\odot$ 为逐元素乘法，详见 1.3.1 节。

为进一步提高 LSTM 的容量，以更有效地将其应用于动态场景预测等任务中，并防止其参数数量和计算时间增加，本章主要进行以下研究：

（1）将 RNN 隐状态表示为张量，以实现更灵活的参数共享，从而能够在没有增加额外参数的情况下有效地增加其宽度。

（2）使用 RNN 的时域计算来合并其深度计算，以便可以增加其深度而无需增加额外的计算时间。这里将这种新的 RNN 称为张量式 RNN（tensorized RNN，tRNN）。

（3）提出了 tLSTM，该模型在 tRNN 的基础上引入了新的记忆单元卷积（memory cell convolution），从而减缓梯度消失和爆炸。

（4）扩展了 tLSTM，使其不但可以处理非结构化时间序列（向量序列），如文本（字符序列）和图像（像素序列），还可以处理结构化时间序列（张量序列），如视频（图像序列），从而使其可以用于动态场景预测任务中。

（5）通过实验展示了 tLSTM 能够很好地完成动态场景预测任务。此外，该模型还具备很强的通用性，能够胜任文本生成、文本计算和图像分类等多种时序预测任务。

2.2　方　　法

2.2.1　张量化隐状态

从式(2.2)中可以看出 RNN 的参数数量随着其隐层尺寸增加成平方增长。为了在限制其参数数量的同时增加宽度,可以采用张量因子分解(tensor factorization)的方法,其中参数由多维张量表示并可被分解为包含更少元素的低秩子张量[176-184]。由于隐状态向量会在与参数张量交互时将被广播(broadcast),因此网络可被隐式地扩展。此外,也可以通过在其隐状态内的不同位置共享一些参数来限制 RNN 的参数数量,类似卷积神经网络(CNN)[49-50]。

在这里,使用参数共享来减少 RNN 中的参数数量。相比张量因子分解,它具备两个优势:①可扩展性。隐状态的大小不会影响参数的数量。②可分离性。可以通过控制感受野(receptive field)来对信息进行路由,以便将 RNN 深度计算转移到时域方向(见 2.2.2 节)。此外,本文对 RNN 的隐状态向量进行显式的张量化,因为张量更具备:①灵活性。可以选择用于参数共享的张量维度,只增加张量在这些维度的尺寸,而不引入额外参数。②高效性。通过使用更高维的张量,可以在参数数量不变的情况下更快地加宽网络(见 2.2.3 节)。

为了便于解释,首先考虑 2D 张量。给定隐藏状态 $h_t \in \mathbb{R}^M$,可将其张量化为 $H_t \in \mathbb{R}^{P \times M}$,其中 P 为张量化尺寸,M 为通道数。在 H_t 中,第一个维度是局部连接的,用于参数共享;第二个维度是全连接的,以用于全局交互——类似于在 CNN 中,只有最后一个维度是全连接的,用于完全地融合不同的特征平面(如输入图像的 RGB 通道)。此外,若将 H_t 与栈式 RNN(stacked RNN,sRNN)中的隐状态进行比较(图 2.1(a)),则 P 可以认为是网络的层数,而 M 可以认为是每一层的尺寸。为了解释该模型,本书从 2D 张量开始介绍,展示如何使用更高维度的张量来增加模型的容量,并展示如何扩展模型以处理结构化的输入时间序列。

2.2.2　合并深度计算

由于 RNN 在随时间展开后已经是深度网络,因此可以将输入 x_t 与未来(延迟)的输出相关联,使从输入到输出的计算更深。为此,应当保证输出 y_t 是可分离的,即它独立于未来输入 $x_{t:T}$。因此,首先将 x_t 的投影合并在 H_{t-1} 的顶部,其次通过时域计算将输入信息向下移动,最后从未来的隐状态 H_{t+L-1} 的底部生成 y_t,其中 $L-1$ 为延迟后的时间步,L 为深度。图 2.1(b)展示了一个 $L=3$ 的例子,它可被看作是一个倾斜的 sRNN[71,89]。然而,在本书的方法中,并不需要改变网络结构,并且如果输出满足可分离性,它也允许各种交互。例如,可以使用更宽的局部连接或引入反馈连接(图 2.1(c))来改进模型(见文献[185])。此外,可以通过将 H_t 与可学的核进行卷积来更新它,从而实现参数共享。这样以来,便增加了输入-输出映射的复杂度(通过输出延迟)并限制了参数数量的增长(通过卷积参数共享)。

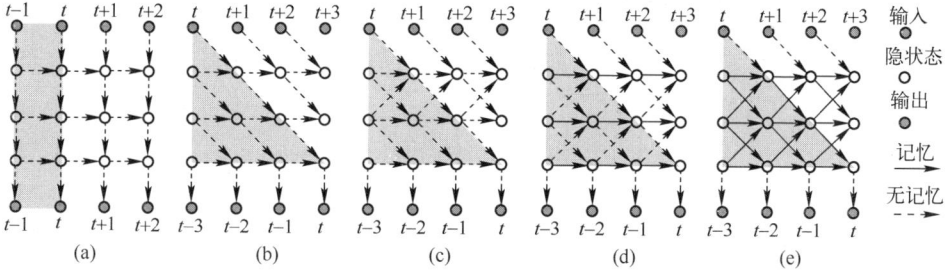

图 2.1　从 sRNN 到 tLSTM 演变的示意图

(a) 具有三个隐层的 sRNN;(b) 不带反馈链接(-F)的 tRNN,可通过将(a)中的 sRNN 倾斜而获得;

(c) 标准的 tRNN;(d) 不带记忆单元卷积(-M)的 tLSTM;(e) 标准的 tLSTM。

(对于每个模型,第 1~4 列(从左到右)的白色圆圈分别表示时刻(t−1)到(t+2)的隐状态。

灰色区域表示输出 y_t 的感受野。注意在图(b)和(e)中,将输出延迟了 L−1 = 2 个时间步,其中深度 L = 3。)

为定义上述的 tRNN,将合并后的隐状态表示为 $\boldsymbol{H}_{t-1}^{\text{cat}} \in \mathbb{R}^{(P+1)\times M}$,将张量中的位置表示为 $p \in \mathbb{Z}_+$。在 $\boldsymbol{H}_{t-1}^{\text{cat}}$ 的位置 p,通道向量满足 $\boldsymbol{h}_{t-1,p}^{\text{cat}} \in \mathbb{R}^M$:

$$\boldsymbol{h}_{t-1,p}^{\text{cat}} = \begin{cases} \boldsymbol{x}_t \boldsymbol{W}^x + \boldsymbol{b}^x, & p = 1 \\ \boldsymbol{h}_{t-1,p-1}, & p > 1 \end{cases} \tag{2.9}$$

其中,$\boldsymbol{W}^x \in \mathbb{R}^{U \times M}, \boldsymbol{b}^x \in \mathbb{R}^M$。隐状态通过卷积更新:

$$\boldsymbol{A}_t = \boldsymbol{H}_{t-1}^{\text{cat}} \circledast \{\boldsymbol{W}^h, \boldsymbol{b}^h\} \tag{2.10}$$

$$\boldsymbol{H}_t = \phi(\boldsymbol{A}_t) \tag{2.11}$$

式中:$\boldsymbol{W}^h \in \mathbb{R}^{K \times M^i \times M^o}$ 和 $\boldsymbol{b}^h \in \mathbb{R}^{M^o}$ 分别为核的权重和偏置,其核尺寸为 K,包含 $M^i = M$ 个输入通道和 $M^o = M$ 个输出通道;$\boldsymbol{A}_t \in \mathbb{R}^{P \times M^o}$ 为 $\boldsymbol{H}_t$ 的激活;⊛为卷积(详见附录 A.1.1)。由于核在隐状态的不同层之间进行卷积,本文称该卷积为跨层卷积,它使不同的层能够自底向上和自顶向下地交互。最后,在 $\boldsymbol{H}_{t+L-1}$ 底部的通道向量 $\boldsymbol{h}_{t+L-1,P} \in \mathbb{R}^M$ 被用于生成:

$$\boldsymbol{y}_t = \varphi(\boldsymbol{h}_{t+L-1,P} \boldsymbol{W}^y + \boldsymbol{b}^y) \tag{2.12}$$

其中,$\boldsymbol{W}^y \in \mathbb{R}^{M \times V}, \boldsymbol{b}^y \in \mathbb{R}^V$。为保证 $\boldsymbol{y}_t$ 的感受野覆盖且仅覆盖历史输入 $\boldsymbol{x}_{1:t}$(图 2.1(c)),L、P 和 K 应满足约束:

$$L = \left\lceil \frac{2P}{K - K \bmod 2} \right\rceil \tag{2.13}$$

式中:mod 为取模运算,⌈·⌉为向上取整。式(2.13)的推导详见附录 A.2。

对于式(2.9)~式(2.13)中所提出的 RNN,这里将其称为张量式 RNN (tRNN)。可通过增加张量化尺寸 P 来加宽模型,同时保持其参数数量不变(通过使用卷积)。此外,与时间复杂度为 $O(TL)$ 的 sRNN 不同,tRNN 的时间复杂度被分解为 $O(T+L)$,这就意味着其计算时间不会显著地受 T 或 L 影响。

▶ 2.2.3 扩展为 LSTM

为了捕获不同时间步的长期依赖,可通过修改式(2.10)和式(2.11)将 tRNN 扩展为一种新的 LSTM:

$$[A_t^g, A_t^i, A_t^f, A_t^o] = H_{t-1}^{\text{cat}} \circledast \{W^h, b^h\} \tag{2.14}$$

$$[G_t, I_t, F_t, O_t] = [\phi(A_t^g), \sigma(A_t^i), \sigma(A_t^f), \sigma(A_t^o)] \tag{2.15}$$

$$C_t = G_t \odot I_t + C_{t-1} \odot F_t \tag{2.16}$$

$$H_t = \phi(C_t) \odot O_t \tag{2.17}$$

式中:$\{W^h, b^h\}$ 为尺寸为 K 的核,包含 $M^i = M$ 个输入通道和 $M^o = 4M$ 个输出通道;$A_t^g, A_t^i, A_t^f, A_t^o \in \mathbb{R}^{P \times M}$ 分别为新息 G_t、输入门 I_t、记忆门 F_t 和输出门 O_t 的激活;$C_t \in \mathbb{R}^{P \times M}$ 为更新后的记忆单元。然而,由于式(2.16)只沿着时域方向对前一时刻的记忆单元 C_{t-1} 进行门控(图2.1(d)),当张量化尺寸 P 增大时,输入-输出方向的长期依赖很可能会丢失。

1. 记忆单元卷积

为了捕获来自多个方向的长期依赖,本书提出了一种新的记忆单元卷积,使记忆单元也能够与隐状态一样具有更宽的感受野(图2.1(e))。此外,由于记忆单元卷积核是动态生成的,因此它随时间和位置而变化,从而能够灵活地控制来自不同方向的长期依赖。在 tLSTM 中,这里提出如下张量更新方程:

$$[A_t^g, A_t^i, A_t^f, A_t^o, A_t^q] = H_{t-1}^{\text{cat}} \circledast \{W^h, b^h\} \tag{2.18}$$

$$[G_t, I_t, F_t, O_t, Q_t] = [\phi(A_t^g), \sigma(A_t^i), \sigma(A_t^f), \sigma(A_t^o), s(A_t^q)] \tag{2.19}$$

$$W_t^c(p) = \text{reshape}(q_{t,p}, [K, 1, 1]) \tag{2.20}$$

$$C_{t-1}^{\text{conv}} = C_{t-1} \circledast W_t^c(p) \tag{2.21}$$

$$C_t = G_t \odot I_t + C_{t-1}^{\text{conv}} \odot F_t \tag{2.22}$$

$$H_t = \phi(C_t) \odot O_t \tag{2.23}$$

不同于式(2.14)~式(2.17),卷积核 $\{W^h, b^h\}$ 包含额外的 $\langle K \rangle$($\langle \cdot \rangle$ 为返回其输入变量所有元素的累乘)个输出通道,用于生成动态核组(kernel bank) $Q_t \in \mathbb{R}^{P \times \langle K \rangle}$ 的激活;$A_t^q \in \mathbb{R}^{P \times \langle K \rangle}$,$q_{t,p} \in \mathbb{R}^{\langle K \rangle}$ 为 Q_t 的位置 p 上的向量化的动态核;$W_t^c(p) \in \mathbb{R}^{K \times 1 \times 1}$ 为由 $q_{t,p}$ 重塑形(reshape)而得到的动态核(图2.2(a)),其尺寸为 K 并包含一个输入或输出通道。式(2.21)定义了记忆单元卷积(详见附录 A.1.2),这里使用值随 p 变化的 $W_t^c(p)$ 来对 C_{t-1} 的每一个通道进行卷积计算,

从而得到计算后的记忆单元 $\boldsymbol{C}_{t-1}^{\mathrm{conv}} \in \mathbb{R}^{P \times M}$。类似文献［186］中介绍的，在式（2.19）中，采用 softmax 函数 $\varsigma(\boldsymbol{z})_j = e^{z_j} \big/ \sum_{k=1}^{K} e^{z_k}$ 来对 $\boldsymbol{Q}_t$ 的通道维进行规范化以使记忆单元的值更加稳定，从而缓解梯度消失和爆炸（详见附录 A.3）。

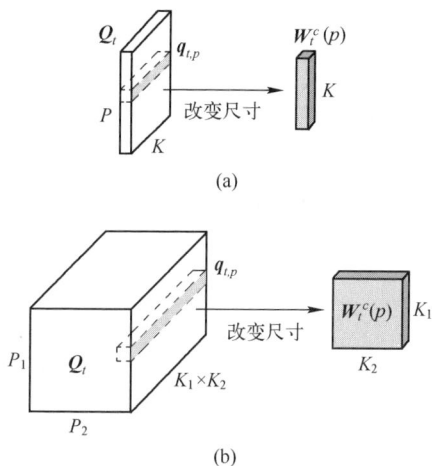

图 2.2　生成

（a）2D 张量的记忆单元卷积核；（b）3D 张量的记忆单元卷积核。

文献［177-178，182，187-189］等使用了动态生成模型权重的方法，其中文献［188］中也动态地生成了与位置相关的卷积核以改善 CNN。与这些文献中介绍的不同，本文旨在加宽 tLSTM 记忆单元的感受野。在兼具灵活性的同时，tLSTM 只需很少的参数来生成记忆单元卷积核（由于它被记忆单元的不同通道所共享）。

2. 通道规范化

为了加速 tLSTM 的训练，本书对最近提出的层规范化（layer normalization，LN）[190]进行了改进。在文献［190］中，观察到 LN 不适用 CNN（CNN 中不同的通道向量具有不同的统计特性）。类似地，LN 对于 tLSTM 也表现不佳（tLSTM 中靠近输入的通道向量包含较多的低层信息，反之亦然）。因此，本书提出了通道规范化（channel normalization，CN）理论以单独地规范每一个通道向量，并将其函数定义为

$$\mathrm{CN}(\boldsymbol{Z}; \boldsymbol{\Gamma}, \boldsymbol{B}) = \hat{\boldsymbol{Z}} \odot \boldsymbol{\Gamma} + \boldsymbol{B} \tag{2.24}$$

式中：$\boldsymbol{\Gamma}, \boldsymbol{B}, \boldsymbol{Z}, \hat{\boldsymbol{Z}}, \in \mathbb{R}^{P \times M^z}$；$\boldsymbol{\Gamma}$ 和 $\boldsymbol{B}$ 分别为增益和偏置（均为参数）；$\boldsymbol{Z}$ 为输入张量；$\hat{\boldsymbol{Z}}$ 为规范化后的张量。令 $\boldsymbol{z}_{m^z} \in \mathbb{R}^P$ 为 $\boldsymbol{Z}$ 的第 m^z 个通道，它被逐元素地规范化为

$$\hat{z}_{m^z} = (z_{m^z} - z^\mu)/z^\sigma \tag{2.25}$$

式中：$z^\mu, z^\sigma \in \mathbb{R}^P$ 分别为沿着 Z 的通道维的均值和标准差；$\hat{z}_{m^z} \in \mathbb{R}^P$ 为 $\hat{Z}$ 的第 m^z 个通道。由于 CN/LN 引入的参数数量相比于模型参数而言非常小，因此可将其合理地忽略。

3. 利用高维张量

从式(2.13)中可看出，给定核的尺寸 K、张量化尺寸 P 随深度 L 呈线性增长。为了更有效地加宽 tLSTM，本书使用更高维的张量，这样张量的体积便可更快地扩大。基于前面对 tLSTM 的定义，可将张量从 2D 扩展为 $(D+1)$($D>1$)，得到 $H_t, C_t \in \mathbb{R}^{P_1 \times P_2 \times \cdots \times P_D \times M}$，其张量化尺寸 $P = [P_1, P_2, \cdots, P_D]$。由于隐状态维数大于2，故将 x_t 的投影合并到 H_{t-1} 的一个角上，将式(2.9)扩展为

$$h_{t-1,p}^{\text{cat}} = \begin{cases} x_t W^x + b^x & p_d = 1 \text{ 且 } 1 \leq d \leq D \\ h_{t-1,p-1}, & p_d > 1 \text{ 且 } 1 \leq d \leq D \\ 0, & \text{其他} \end{cases} \tag{2.26}$$

式中：通道向量 $h_{t-1,p}^{\text{cat}} \in \mathbb{R}^M$ 为合并后的隐状态 $H_{t-1}^{\text{cat}} \in \mathbb{R}^{(P_1+1) \times (P_2+1) \times \cdots \times (P_D+1) \times M}$ 的位置 $p \in \mathbb{Z}_+^D$。相应地，通过 H_{t+L-1} 的另一个角来生成输出 y_t，并提出如下输出生成方程(用于替换式(2.12))：

$$y_t = \varphi(h_{t+L-1,P} W^y + b^y) \tag{2.27}$$

为了更新隐状态，对卷积核 W^h 和 $W_t^c(\cdot)$ 进行了张量化，使它们的尺寸为 $K = [K_1, K_2, \cdots, K_D]$，其中 $W_t^c(\cdot)$ 仍然通过向量的重塑形而获得(图 2.2(b))。为了使 P 和 K 的每一维对于同一个 L 都满足式(2.13)，对于 $d = 1, 2, \cdots, D$ 均设定 $P_d = P$ 及 $K_d = K$。对于 CN，它仍被用于规范张量的通道维。

由于 D 为由张量化而引入的附加维度，故称为张量化维度(tensorized dimensionality)，并将对应的 tLSTM 表示为 D-tLSTM。例如，式(2.5)~式(2.8)中所定义的未张量化的 LSTM 为 0-tLSTM，而式(2.18)~式(2.23)中所定义的 tLSTM(包含 2D 张量)为 1-tLSTM。

▶ 2.2.4 处理结构化输入

到目前为止，本书仅讨论了每个时间步的输入为一个非结构化的向量的情况。然而，由于结构化的数据(如图像序列)也常出现在许多时序预测任务(如视频分割、运动估计和动态场景预测)中，因此非常有必要对模型进行扩展使其能够处理结构化的输入数据。

用 $X_t \in \mathbb{R}^{S_1 \times S_2 \times \cdots \times S_E \times U}$ 表示 t 时刻的结构化输入，其中 $E \in \mathbb{Z}_+$ 为结构维度，$S = [S_1, S_2, \cdots, S_E]$ 为结构尺寸。当 X_t 为 2D 图像时，$S = [S_1, S_2]$ 为图像尺寸(高和

宽),U 为图像深度(通道数)。相应地,隐状态可表示为 $H_t \in \mathbb{R}^{P_1 \times P_2 \times \cdots \times P_D \times S_1 \times S_2 \times \cdots S_E \times M}$。不同于式(2.26),这里将 H_{t-1}^{cat} 的位置 p 上的子张量 $H_{t-1,p}^{cat} \times \mathbb{R}^{S_1 \times S_2 \times \cdots \times S_E \times M}$ 定义为

$$H_{t-1,p}^{cat} = \begin{cases} X_t \circledast \{W^x, b^x\}, & p_d = 1 \text{ 且 } 1 \leq d \leq D \\ H_{t-1,p-1}, & p_d > 1 \text{ 且 } 1 \leq d \leq D \\ 0, & \text{其他} \end{cases} \tag{2.28}$$

其中,卷积核 $\{W^x, b^x\}$ 被用于线性投影,尺寸为 $1 \in \mathbb{R}^E$,包含 U 个输入通道和 M 个输出通道。

为了更新隐状态张量,卷积核 W^h 和 $W_t^c(\cdot)$ 的尺寸也相应地变为 $K = [K_1, K_2, \cdots, K_D, K_{D+1}, K_{D+2}, \cdots, K_{D+E}]$,其中前 D 维 $K_{1:D}$ 与张量化尺寸 P 相关,而后 E 维 $K_{D+1:D+E}$ 与结构尺寸 E 相关。这也意味着 $K_{D+1:D+E}$ 不受式(2.13)约束。

最后,利用子张量 $H_{t+L-1,P} \in \mathbb{R}^{S_1 \times S_2 \times \cdots \times S_E \times M}$ 来生成输出。由于对于许多任务(如动态场景预测),输出通常具有和输入相同的结构(即相同的 S),因此,在这种情况下,提出输出生成方程:

$$Y_t = \varphi(H_{t+L-1,P} \circledast \{W^y, b^y\}) \tag{2.29}$$

式中:$Y_t \in \mathbb{R}^{S_1 \times S_2 \times \cdots \times S_E \times V}$ 为结构化输出;$\{W^y, b^y\}$ 为尺寸为 $1 \in \mathbb{R}^E$ 的卷积核,包含 M 个输入通道和 V 个输出通道。此外,从 $H_{t+L-1,P}$ 生成非结构化输出 $y_t \in \mathbb{R}^V$ 也十分容易(如通过使用 CNN 或 MLP)。

2.3　实　验

为了评估 tLSTM 在动态场景预测任务上的性能,本书采用了 3 个具有挑战性的视频数据集。此外,还在其他 5 个具有挑战性的数据集上尝试了文本生成、文本计算和图像分类任务,测试 tLSTM 的通用性。为了验证 tLSTM 中每个模块的重要性,对于每一项任务,本文设定配置:

(1) sLSTM 为本文所实现的 sLSTM[191],其中不同的层共享参数,本书以该配置作为基准;

(2) 1-tLSTM 为式(2.18)~式(2.23)中定义的带 2D 张量的 tLSTM;

(3) 1-tLSTM-M 为不带记忆单元卷积(-M)的 1-tLSTM,通过式(2.14)~式(2.17)实现;

(4) 1-tLSTM-F 为不带反馈连接(-F)的 1-tLSTM;

(5) 2-tLSTM 通过对 1-tLSTM 进行张量化(使用 3D 张量)而获得,如"3. 利用多维张量"所述,其中 $D = 2$;

（6）2-tLSTM+LN 为带 LN[190] 的 2-tLSTM；

（7）2-tLSTM+CN 为带 CN（如第"2. 通道规范化"所述）的 2-tLSTM。

为了使不同的配置具有可比性，对于 sLSTM，本书分别使用 L 和 M 来表示其层数和每层的尺寸。令 K 为核尺寸 K 的前 D 维的值，对于 1-tLSTM-F 设定 $K=2$，而对于其他 tLSTM 设定 $K=3$，这样根据式（2.13），有 $L=P$。

为了检验 tLSTM 的性能是否可以在不使用额外参数的情况下得到提升，对于每一配置，本书使用相同数量的参数，同时增加其张量化尺寸。为了研究深度对计算时间的影响，本书将计算时间量化为单个样本在单个 RNN 时间步上正向和反向传播所耗费的平均毫秒数。然后，通过将 tLSTM 与当前最好的方法进行比较来评估其能力。最后，通过可视化 tLSTM 的记忆单元来分析其内部的工作原理。

训练的目标函数为最小化关于参数 $\boldsymbol{\theta}$（经向量化）的训练误差，即

$$\min_{\boldsymbol{\theta}} \frac{1}{N} \sum_{n=1}^{N} \sum_{t=1}^{T_n} l\big(f(\boldsymbol{x}_{n,1:t}^d ; \boldsymbol{\theta}) \boldsymbol{y}_{n,t}^d\big) \tag{2.30}$$

式中：N 为训练序列样本数；T_n 为第 n 个训练序列的长度；$l(\cdot , \cdot)$ 为预测和目标之间的损失。将 $l(\cdot , \cdot)$ 定义为回归问题（本章的动态场景预测任务）的均方误差（mean squared error，MSE），以及分类问题（本章的其他任务）的交叉熵（cross entropy）。在所有任务中，用 Adam[192] 来最小化训练目标，并将其学习率设为 0.001。对于图像分类任务，将记忆门偏置设置为 4，而对于其他任务，将记忆门偏置设置为 1[193]。所有模型均由 Torch7[194] 实现，运行于特斯拉 K80 显卡并由 cuDNN 加速。

仅将 CN 应用于 tLSTM 的隐状态的输出中，因为作者尝试了不同的组合，发现这是最稳定的方法，能够提高在所有任务中的性能。通过 CN，隐状态的输出可表示为

$$\boldsymbol{H}_t = \phi\big(\mathrm{CN}(\boldsymbol{C}_t ; \boldsymbol{\Gamma}, \boldsymbol{B})\big) \odot \boldsymbol{O} \tag{2.31}$$

▶ 2.3.1　任务 1：文本生成

赫特奖维基百科数据集[195] 是 1 个包含 1 亿个字符的文本，词汇量为 205，包括字母、XML 标记和一些特殊符号。本书对此数据集在字符级别（character-level）进行建模，目标是在给定所有先前字符的情况下生成下一个字符，例如：

输入：　[[Joachim Vadian]]，Swiss humanis

目标：　[Joachim Vadian]]，Swiss humanist

在深度 $L=1,2,3,4$ 的情况下评估所有的配置，并使用 10M 参数，这样

sLSTM 和 1-tLSTM-F 的通道数 M 为 1120,其他 1-tLSTM 的通道数为 901,而 2-tLSTM 的通道数 522。本书通过单字符位数(bits per character,BPC)来测量性能。与文献[185]一样,本书将数据集分成 90M、5M、5M 进行训练、验证、测试。在每次迭代中,模型以大小为 100 的批次作为输入,其中每个样本是长度为 50 的子序列。在正向传播时,最后一步的隐状态值用于初始化下一次迭代。模型在 50 个周期后终止训练。结果如图 2.3 所示。

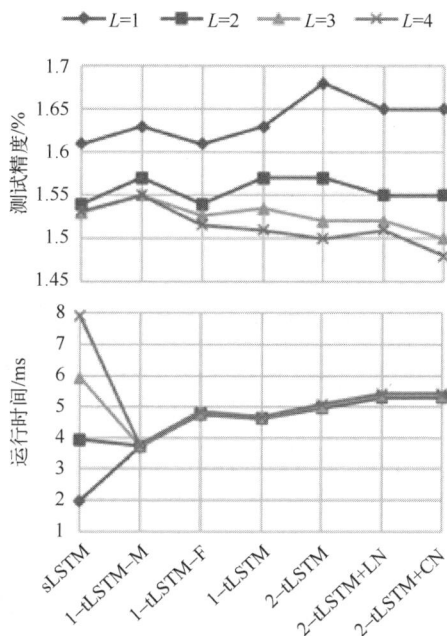

图 2.3　不同配置在 Wikipedia 文本生成任务中的性能和计算时间

当 $L \leqslant 2$ 时,通过使用更大的 M,sLSTM 和 1-tLSTM-F 比其他模型表现更好。L 增加后,sLSTM 的 1-tLSTM-M 性能得到提升,但在 $L \geqslant 3$ 时停止,而通过使用记忆单元卷积,tLSTMs 的性能不但能够提升,且最终能够超过 sLSTM 和 1-tLSTM-M。当 $L = 4$ 时,1-tLSTM 的性能优于 1-tLSTM-F,2-tLSTM 的性能优于 1-tLSTM。LN 仅在 $L \leqslant 2$ 时能够改善 2-tLSTM,而 CN 对于不同的 L 均能改善 2-tLSTM。特别是,在每个 tLSTM 配置中,计算时间几乎不受 L 的影响,而在 sLSTM 中,计算时间几乎与 L 成正比。

为了与最先进的方法进行比较,本书在测试集上评估了更大的 2-tLSTM+CN,其中 $L = 6, M = 1200$。结果如表 2.1 所示,本文的模型使用了 50.1M 的参数并达到了 1.264 BPC,因此在具有相似数量参数的情况下,其表现与最佳结果[87-88]不相上下。

表 2.1　不同方法在 Wikipedia 文本生成任务中的测试性能

方　　法	参数数量	BPC
MI-LSTM[181]	≈17M	1.44
mLSTM[184]	≈20M	1.42
Hyper LSTM+LN[189]	26.5M	1.34
HM-LSTM+LN[196]	≈35M	1.32
Large RHN[87]	≈46M	1.27
Large FS-LSTM-4[88]	≈47M	1.245
2×Large FS-LSTM-4[88]	≈94M	1.198
2-tLSTM+CN($L=6$, $M=1200$)	50.1M	1.264

▶ 2.3.2　任务 2：文本计算

（1）加法：加法任务的目标是对两个 15 位整数进行相加。tLSTM 模型首先读取两个整数，然后逐位地（即每个时间步一个数字）预测它们的和。仿照文献[85]，用符号"-"来分隔整数并补全输入和目标序列，例如：

输入：　-694104857461284-930283746529103------------------

目标：　------------------------------1624388603990387-

（2）复制：复制任务的目标是对按逐个呈现的 20 个随机符号进行重现，该任务使用了 65 个不同的符号。与加法任务一样，符号"-"也用作分隔符，例如：

输入：　-7h@P}n$R&+0^(#4?w>5C----------------------

目标：　----------------------7h@P}n$R&+0^(#4? w>5C-

针对加法和复制任务，分别设定 M 为 400 和 100，并对 $L=1,4,7,10$ 来评估所有配置。符号的预测精度用于测量性能。仿照文献[85]，对于以上两个任务，随机生成 5M 的训练样本和 100 个测试样本，并将批次大小设为 15。训练最多持续一个周期（为了模拟在线学习过程，所有训练样本仅使用一次），并且会在测试精度达到 100% 时被提前终止。结果如图 2.4 所示。

在这两个任务中，当 L 很大时，sLSTM 和 1-tLSTM-M 的性能有所降低。相反，随着 L 的增加，1-tLSTM-F 的性能得到持续的提升，且能够通过使用反馈连接、高维张量或 CN 得到进一步增强；而 LN 仅在 $L=1$ 时能够提升其性能。值得注意的是，由于这两个任务在模式上都具有重复性，因此都能够找到正确的解（当测试精度达到 100% 时）。从实验中可发现，在加法任务中，2-tLSTM+CN 在 $L=7$ 时表现最好，且仅用了 298K 训练样本来解决任务，而在复制任务中，

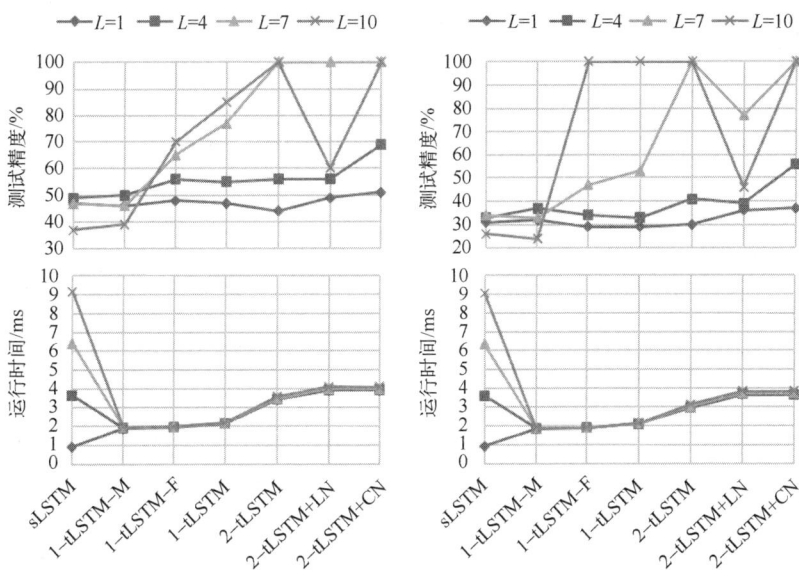

图 2.4　不同配置在加法(左)和复制(右)两个文本计算任务中的性能和计算时间

2-tLSTM+CN 在 $L=10$ 时表现最好,且仅使用了 54K 训练样本就学得了正确的复制算法。此外,与 sLSTM 不同,所有 tLSTM 的计算时间都几乎独立于 L。

　　在这两项任务中,将性能最好的配置进一步与最先进的方法进行比较,结果如表 2.2 所示。本书的模型明显地比其他模型更快(使用了更少的训练样本)地解决了加法和复制任务,得到了新的最佳结果。

表 2.2　不同方法在加法和复制两个文本计算任务中的测试性能

方　　法	加　　法		复　　制	
	样本数	精度	样本数	精度
sLSTM[191]	5M	51%	900K	>50%
Grid LSTM[85]	550K	>99%	150K	>99%
2-tLSTM+CN($L=7$)	298K	>99%	115K	>99%
2-tLSTM+CN($L=10$)	317K	>99%	54K	>99%

▶ 2.3.3　任务 3:图像分类

　　MNIST 数据集[50]包含 70000 幅尺寸为 28×28 像素的手写体数字图像,且被划分成 50000/10000/10000 用于训练/验证/测试。对于此数据集,本书有两个任务:

　　(1) 序列 MNIST:在此任务中,模型首先以"扫描"方式按行逐一读取像素,然后输出图像中包含的数字类别（0~9）[197]。这是 1 个包含 784 个时间步的序列任务，因为输出从最后 1 个时间步生成，所以需要捕获非常长的时域依赖。

（2）序列乱序 MNIST：为了增加任务难度，本书通过用固定的随机顺序排列原始图像像素来得到乱序 MNIST（permuted MNIST，pMNIST）[198]，这样即使在相邻像素中也会存在长期依赖。

在这两项任务中，本文设置 $M = 100$ 和 $L = 1, 3, 5$ 来评估所有配置。这里使用分类精度来度量模型性能，并将批次大小设置为 50，使用提前停止终止训练。训练损失在最后一步计算。结果如图 2.5 所示。

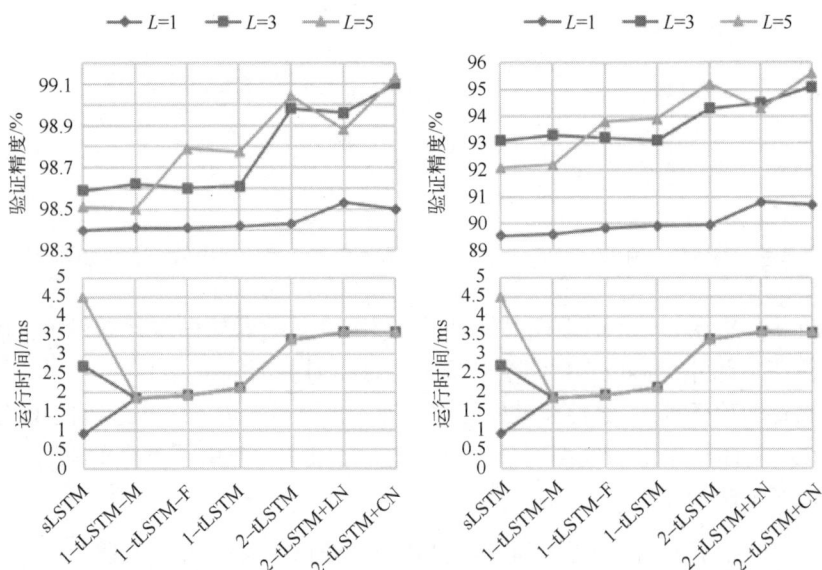

图 2.5　不同配置在序列 MNIST（左）和 pMNIST（右）图像分类任务中的性能和计算时间

当 $L = 5$ 时，增加深度不再有利于 sLSTM 和 1-tLSTM-M，而 1-tLSTM 的性能可以通过增加深度和张量化来提升。在去掉反馈连接后，1-tLSTM 的性能似乎不受影响。此外，CN 能够稳定地提升 2-tLSTM 且当 $L \geq 3$ 时优于 LN。2-tLSTM+CN 在 $L = 5$ 时优于其他所有配置，并在 MNIST 和 pMNIST 上分别获得了 99.1% 和 95.6% 的验证精度。在所有 tLSTM 配置中，计算时间几乎不受 L 的影响，且当 $L = 5$ 时，所有 tLSTM 的运行速度都比 sLSTM 快。

最佳性能配置与最先进方法的比较结果如表 2.3 所示。在序列 MNIST 上，2-tLSTM+CN 在 $L = 3$ 时达到了 99.2% 的测试精度，与膨胀 GRU[96]（dilated GRU）所获得的当前最好结果相同。在序列 pMNIST 上，2-tLSTM+CN 在 $L = 5$ 时达到了 95.7% 的测试精度，接近文献［96］中的膨胀 CNN（dilated CNN）[93] 所获得的当前最好结果（96.7%）。

表 2.3　不同方法在序列 MNIST 和 pMNIST 图像分类任务中的测试性能

方　法	MNIST	pMNIST
iRNN[197]	97.0%	82.0%
LSTM[198]	98.2%	88.0%
uRNN[198]	95.1%	91.4%
Full-capacity uRNN[199]	96.9%	94.1%
sTANH[200]	98.1%	94.0%
BN-LSTM[201]	99.0%	95.4%
膨胀 GRU[96]	99.2%	94.6%
膨胀 CNN[96]	98.3%	96.7%
2-tLSTM+CN($L=3$)	99.2%	94.9%
2-tLSTM+CN($L=5$)	99.0%	95.7%

2.3.4　任务 4:动态场景预测

动态场景预测任务的目标是在给定视频历史帧的情况下预测其未来帧。该任务具有广泛的应用,如环境模拟、数据集扩充和多种计算机视觉任务,主要挑战是模型必须能够很好地捕获数据之间时域和空域的依赖关系。这里,用以下三个数据集来测试模型:

(1) KTH[168]:该数据集由 600 个真实视频构成,并包含 25 种不同的场景及六种不同的人体动作(步行、跑步、慢跑、拍手、挥手和拳击)。它被分成训练集(场景 1~16)和测试集(场景 17~25),分别包含 383 和 216 个视频序列。本书将所有帧的尺寸调整为 128×128 像素。

(2) UCF101[169]:该数据集由 13320 个分辨率为 320×240 像素的真实视频构成,并包含 5 种类型(体育、乐器演奏、身体运动、人-物交互和人-人交互) 的 101 个人体动作,是目前最具挑战性的动作数据集。本书仿照文献[202],在 Sports-1M[203] 数据集上训练模型并在 UCF101 上进行测试。

(3) KITTI[104]:该数据集通过汽车的车载摄像头在驾驶场景中采集获得。本书从该数据集的城市、住宅和道路 3 类场景中抽取长度为 20 帧的序列,其中 57 个片段的序列(约 41000 帧)用于训练,4 个片段的序列(约 3000 帧)用于验证。对所有帧进行中心裁剪,并将其分辨率降低为 128×160 像素。

在这三项任务中,设置 $M=100$ 和 $L=1,3,5$ 来评估所有配置。为了处理结构化输入(即视频帧),将每个 sLSTM 层[191] 替换为 cLSTM[79],并将卷积核尺寸设为[5,5]。相应地,对于所有的 tLSTM,也将卷积核尺寸 K 的最后两维(与图像结构相关)设为 [5,5]。模型性能通过 3 个常见指标来度量,包括 MSE、峰值信噪比(peak signal-to-noise ratio,PSNR)和结构相似性指标度量(structural similarity index measure,SSIM)[204],其中 SSIM 范围在 [-1,1] 内,且值越大代表性能越好。将批次尺寸设为 16,并用提前停止来终止训练。所有模型通过输入 10 帧并预测后续 10 帧来进行训练。定量结果如图 2.6 所示。

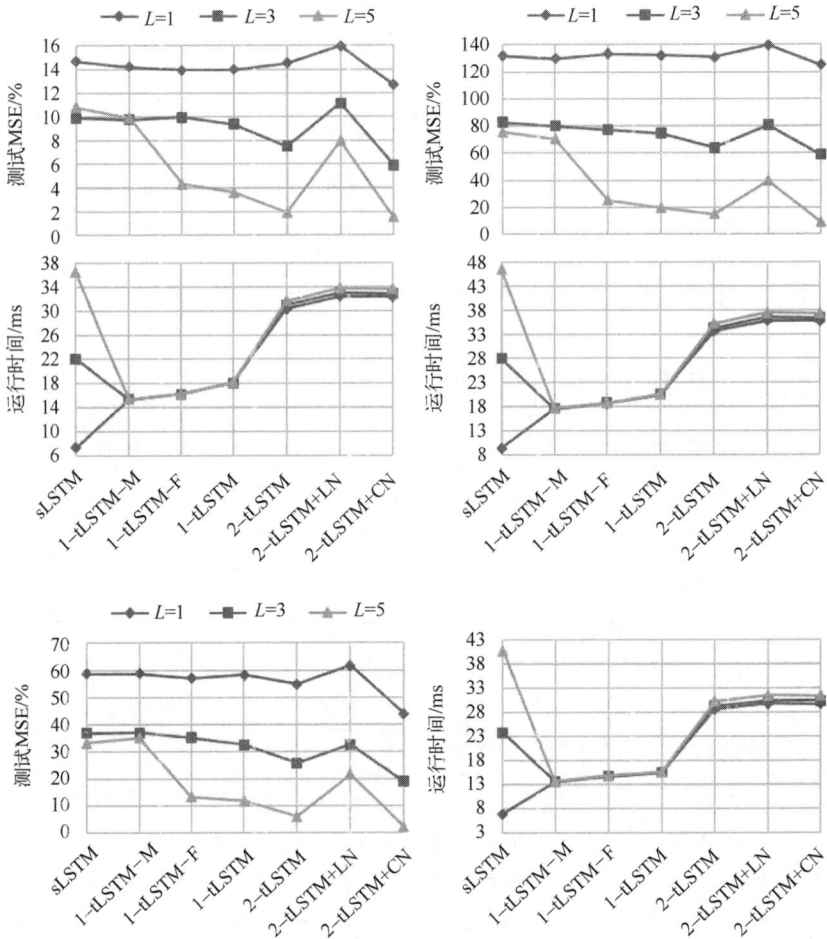

图 2.6 不同配置在 KTH、UCF101 和 KITTI 动态场景
预测任务中的性能和计算时间

随着 L 增加,sLSTM 和 1-tLSTM-M 的性能得到提升,但最终收敛于 $L=5$,而通过使用记忆单元卷积,其他 tLSTM 配置的性能均得到提升并超过了 sLSTM 和 1-tLSTM-M。当 L 较大时,反馈连接和张量化的在性能提升中具有重要作用。类似文献[190]中观察到的,LN 不适合对图像的卷积层进行规范化,2-

tLSTM+LN 的性能其至比 2-tLSTM 更差。CN 对于不同 L 均可提升 2-tLSTM 的性能。不同于计算时间随 L 成正比增长的 sLSTM, tLSTM 的计算时间几乎不受 L 影响。

　　在这 3 个数据集上,将性能最好的配置与最新方法(其代码已开源)进行了比较,分别如表 2.4~表 2.6 所示。2-tLSTM+CN 在 $L=5$ 时,所有性能度量均优于其他模型;在 KTH、UCF101 和 KITTI 数据集上,其测试 MSE 在 MCnet 的基础上分别降低了 22.11%、5.52% 和 13.57%。此外,2-tLSTM+CN 的参数数量(8.78M)仅为 MCnet 参数数量(11.79M)的 74.47%,因此也降低了求解参数所需的数据量。图 2.7 展示了由 2-tLSTM+CN 所获得的一些定性结果。

表 2.4　不同方法在 KTH 动态场景预测任务中的测试性能

方　　法	MSE	PSNR	SSIM
Composite LSTM[205]	0.01021	19.910	0.77958
Beyond MSE[202]	0.00193	27.144	0.88234
PredNet[206]	0.00384	24.157	0.90052
MCnet[75]	0.00190	27.213	0.91228
2-tLSTM+CN($L=5$)	0.00148	28.297	0.93316

表 2.5　不同方法在 UCF101 动态场景预测任务中的测试性能

方　　法	MSE ↓	PSNR ↑	SSIM ↑
Composite LSTM[205]	0.16342	7.867	0.50363
Beyond MSE[202]	0.00987	20.057	0.81254
PredNet[206]	0.01672	17.768	0.80827
MCnet[75]	0.00979	20.092	0.84392
2-tLSTM+CN($L=5$)	0.00925	20.339	0.85941

表 2.6　不同方法在 KITTI 动态场景预测任务中的测试性能

方　　法	MSE ↓	PSNR ↑	SSIM ↑
Composite LSTM[205]	0.01377	18.611	0.75385
Beyond MSE[202]	0.00264	25.784	0.85370
PredNet[206]	0.00295	25.302	0.89173
MCnet[75]	0.00258	25.884	0.90259
2-tLSTM+CN($L=5$)	0.00223	26.517	0.91061

(a)

(b)

(c)

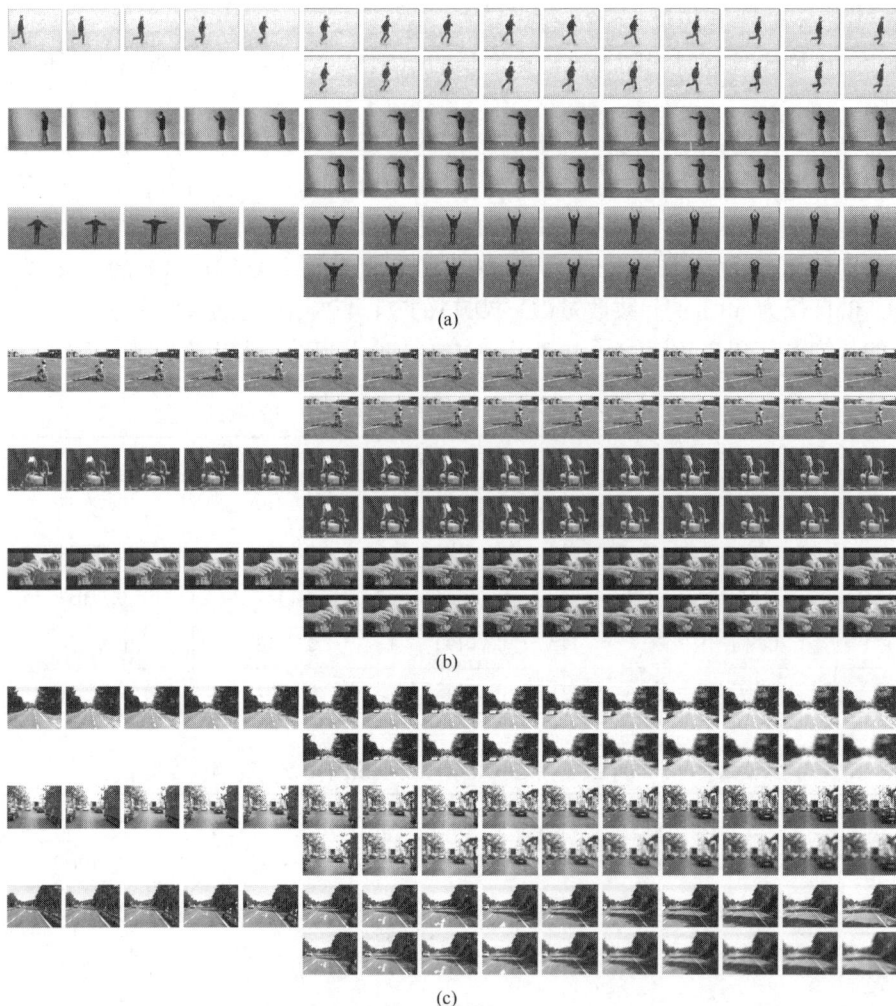

图 2.7　2-tLSTM+CN 在 KTH、UCF101 和 KITTI 上的定性结果。对于每一序列,
第一行(共 15 帧)为实际输入帧,第二行(共 10 帧)为对应于第一行 6~15 帧的
预测结果,其中所有帧均以 4∶3 的宽高比显示
(a) KTH;(b) UCF101;(c) KITTI。

▶ 2.3.5　记忆单元的可视化

从实验中可以看出,可以通过增加张量化尺寸或模型深度来提升 tLSTM 的
性能,并几乎不需要增加额外的参数和计算时间。当网络变得更宽、更深时,记
忆单元卷积对于保持其性能的提升至关重要。对于序列输出任务,反馈连接具
有重要作用。此外,张量化以及 CN 可以进一步加强 tLSTM。

为了检验 tLSTM 的内部工作机制,本书将记忆单元的值可视化以显示信息

流。在每个任务中,本书运行性能最佳的 tLSTM,并输入 1 个随机样本(这里不考虑动态场景预测任务,因为 2-tLSTM 的记忆单元是 5D 张量,难以可视化)。在每个时间步,记录记忆单元的通道均值(通过沿着通道维求平均而算得,对于 2-tLSTM,它的尺寸为 $P \times P$),并可视化其从位置 $\boldsymbol{p}^{\text{in}} = [1,1]$(接近输入)到 $\boldsymbol{p}^{\text{out}} = [P,P]$(接近输出)的对角线上的值。

如图 2.8 所示,可视化结果揭示了 tLSTM 在处理不同任务时的不同行为:

(1) 文本生成:如果下一个字符主要由当前输入的字符决定,则输入内容在到达输出位置时可以被较少地修改,反之亦然;

(2) 加法:两个整数逐渐压缩到记忆中,然后进行交互,得到它们的和;

(3) 复制:模型充当了一个移位寄存器,持续地将输入符号移动到其输出位置;

(4) 序列 MNIST:模型似乎对像素值变化(代表轮廓或数字拓扑)更加敏感,它逐渐积累证据以产生最终产出;

(5) 序列 pMNIST:模型似乎对高值像素(来自数字)更加敏感,本书认为是乱序破坏了数字拓扑,从而使每个高值像素都具有潜在的重要性。

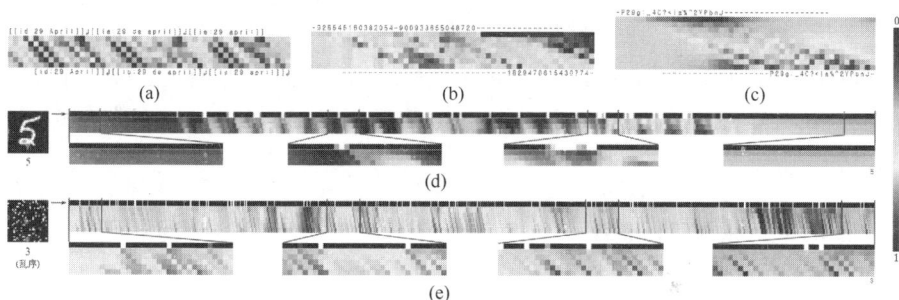

图 2.8 在不同任务上对 tLSTM 的记忆单元进行可视化

(a) 文本生成($L=6$);(b) 加法($L=7$);(c) 复制($L=10$);

(d) 序列 MNIST($L=3$);(e) 序列 pMNIST($L=5$)。

(对于每个彩色矩阵,第 p 行对应位置 $[p,p]$,第 t 列对应时间步 t,其中 $t=1,2,\cdots,T+L-1$

且 $L-1$ 表示延迟的时间步,所有值均被标准化为 $[0,1]$ 以更好地可视化。

图(d) 和(e) 对完整的序列($T=784$)进行了水平方向的缩小。)

在这些任务中,还有一些共同的现象:

(1) 在每个时间步,张量的不同位置具有明显不同的值,这意味着较大尺寸的张量可以编码更多的内容,从而需要更少的时间来压缩;

(2) 值从输入到输出变得越来越不同并且沿着时间轴移动,这表明模型确实可同时执行深度计算和时域计算,并依靠记忆单元来存储数据的长期依赖。

2.4　相　关　工　作

对于动态场景预测任务,目前大多数方法均基于 LSTM。本节将这些方法划分为 3 类,并将每一类与 tLSTM 进行对比。

2.4.1　卷积 LSTM

卷积 LSTM 可并行化 LSTM 的计算,其中在每个时间步的输入是结构化的(如图 2.9(a) 所示),如向量数组[71]、向量矩阵[79-82] 和向量张量[83-84]。与 cLSTM 不同,tLSTM 着眼于增加 LSTM 的容量,其中每个输入也可以是非结构化的(单个向量),并具有优点:①tLSTM 中的卷积是在不同的隐层(其结构可以与输入结构不同)之间执行的,从而自底向上和自顶向下地整合信息,而 cLSTM 中的卷积仅在每个隐层(其结构取决于输入结构)内执行,因此当每时刻的输入是单个向量时就会退化为标准的 LSTM;②通过增加张量化尺寸,可以在不引入更多参数的情况下有效地加宽 tLSTM,而要加宽 cLSTM,增加核的尺寸或通道数都会显著增加参数数量;③通过延迟输出,可以在几乎不引入额外计算时间的情况下加深 tLSTM,而要加深 cLSTM,增加层数会显著增加计算时间;④通过记忆单元卷积,tLSTM 可以捕获多个方向的长期依赖,而 cLSTM 仅沿一个方向对记忆单元进行门控。

2.4.2　深度 LSTM

深度 LSTM 通过加深 sLSTM 得到改进(图 2.9(b)~(d))。为了限制参数数量并使训练变得容易,在文献[85-88] 中,额外的 RNN/LSTM 被用于 dLSTM 的

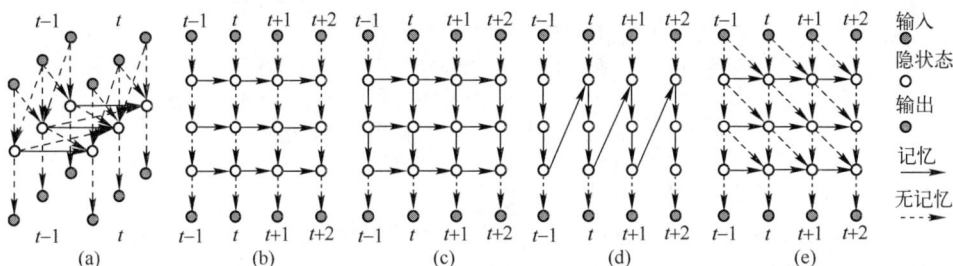

图 2.9　与 tLSTM 相关的模型的示例

(a) 单层 cLSTM[71],其中每一时刻的输入为向量数组;(b) 3 层 sLSTM[191];(c) 3 层 Grid LSTM[85];
(d) 3 层循环高速网络(recurrent highway network,RHN)[87];(e) 3 层准循环神经网络
(quasi-recurrent neural network)[94],其中核尺寸为 2,且利用时域卷积来并行化昂贵的计算。

深度方向。然而,计算时间仍然会随深度增加而成正比地增长。虽然在文献 [89-90] 中加速了深度计算,但它们只涉及到一些简单的结构,如 sLSTM。与 dLSTM 不同,在 tLSTM 中,深度计算只需要很少的额外计算时间,且利用跨层卷积可实现反馈。此外,通过利用更高维张量,可以高效地增加 tLSTM 的容量,而 dLSTM 中的所有隐层仅构成一个 2D 张量,其维度是固定的。

▶ 2.4.3　其他并行化方法

在训练阶段,由于输入序列在不同时刻的值可一次性获得,因此可对其时域计算进行并行化(如通过图 2.9(e) 中的时域卷积)[91-96]。然而,对于在线推理,输入序列是按时间顺序依次获得的,且会被每个时间步的深度计算所阻塞,不能适用需要高采样输出频率的实时应用。相反,由于 tLSTM 利用时域计算执行深度计算,它可以加速许多任务的训练和在线推理。这非常类似于人:当将输入信号转换为动作时,通常以非阻塞的方式同时处理新到达的信号。还应该注意到,对于某些将上一刻输出作为当前输入的任务(例如自回归序列生成),tLSTM 无法并行化在线推理的深度计算,因为需要额外的时延来生成当前输入所需的上一刻输出。

2.5　本 章 小 结

本章旨在解决动态场景预测任务,并提出了 tLSTM。该模型能够利用张量来共享参数,并且利用时域计算来执行深度计算。相对于其他流行方法,tLSTM 的主要优点是它的容量可以在几乎不引入额外参数和计算时间的情况下得到增加。tLSTM 的另一个重要优点是它可以处理文本生成、文本计算、图像分类和动态场景预测等各种具有挑战性的时序预测任务。

第3章 面向无监督多目标检测的记忆式循环注意力网络

3.1 引　言

本章所提供的模型在一个合成数据集和两个真实数据集[172],TUD[120]上进行了评估,充分地展现了其优势和实用性。

MOD 是自主驾驶场景感知中的关键步骤。大多数现有的 MOD 算法均遵循"分而治之"(divide and conquer)的方式,并利用流行的机器学习技术来优化算法参数。然而,此方式通常不是最优的,因为它将 MOD 任务分解为了多个子任务,并且没有综合地去优化它们。而且,通常使用的监督式学习方法依赖标注的数据,但这些数据都十分的稀缺。因此,本书提出了一种用于图像序列的端对端无监督多目标检测(unsupervised multi-object detection,UMOD)框架。在 UMOD 中,神经网络通过最小化图像重构误差来学得检测每个视频帧中的物体。此外,还提出了一种记忆式循环注意力网络(memory-based recurrent attention network,MRAN)来提高检测和训练的效率。

3.2　无监督多目标检测:通过渲染进行检测

▶ 3.2.1　概述

本方法采用神经网络来对原始输入图像进行一系列处理,并输出相应的检测结果。为了获得理想的检测结果,通常需要首先利用训练数据对神经网络中的参数进行优化。对于传统的有监督学习,这些训练数据通常包含输入图像和标注的真实检测结果。训练的目的是减小最小化神经网络的输出检测结果和标注的真实检测结果之间的误差(即检测误差),而通过调节(优化)神经网络中的参数,便可达到该目的。当训练数据中不包含标注的真实检测结果时,便无法计算检测误差,因此也无法采用监督式学习的方式来优化神经网络中的参数。

为此,本方法借鉴计算机图形学中的思想,首先将检测结果定义为物体若干属性的集合(包括置信度、图层、姿态、形状和外貌)。这样,只需利用各个物体的这些属性(加上从输入图像中提取的背景),便可唯一、确定地渲染(合成)出一幅图像。当对神经网络的输出检测结果进行渲染时,这些检测结果越接近真实检测结果(检测误差越小),所渲染得到的图像(重构图像)也就越接近输入图像(重构误差越小),反之亦然。因此,可通过重构误差间接地度量并替代检测误差。通过优化神经网络中的参数来最小化该重构误差,便可间接地最小化检测误差,从而实现在未标注真实检测结果情况下的训练(无监督学习)。

此外,本书还提出了一种新的可微渲染器来实现渲染过程,其可微性使重构误差的梯度能够通过渲染器反向传播至神经网络来优化参数。值得注意的是,与神经网络不同,由于渲染器仅根据输入的检测结果便能合成图像,因此无需任何需要训练的参数,这也保证了检测结果到重构图像的唯一性。否则,渲染器将有可能学得将错误的检测结果渲染为正确的重构图像,这样便无法利用最小化重构误差的方法来最小化检测误差,从而与上述的设计思想不符。传统的有监督 MOD 和本书提出的无监督 MOD 的对比如图 3.1 所示。

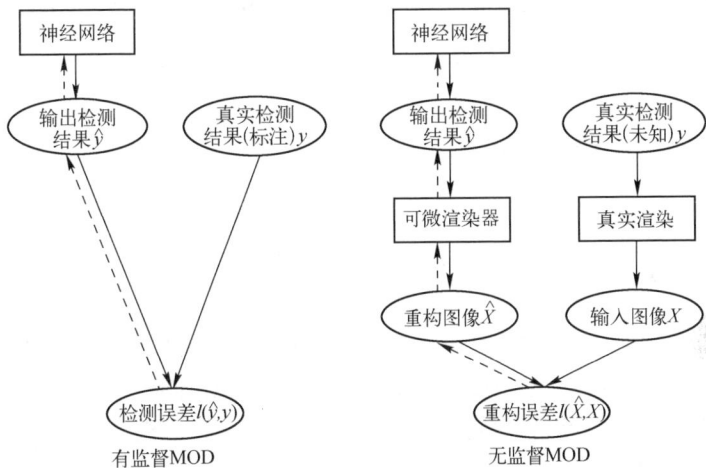

图 3.1　传统的有监督 MOD(左)和本书提出的无监督 MOD(右)的对比图
(实线箭头表示正向传播,虚线箭头表示误差梯度的反向传播。在右图中,
虽然真实检测结果和真实渲染过程均不可见,但由它们所得到的渲染结果(即输入图像)是可见的。)

UMOD 框架具体包含四个模块:①特征提取器——用于从输入图像中提取输入特征(3.2.2 节);②循环目标检测器——利用输入特征来递归地检测目标(3.2.3 节);③渲染器(无参数)——用于将检测结果转换为重构图像(3.2.4 节);④损失(loss)——利用重构误差来驱动神经网络(即模块①和②)的无监督端对端参数学习(3.2.5 节)。UMOD 框架如图 3.2 所示。

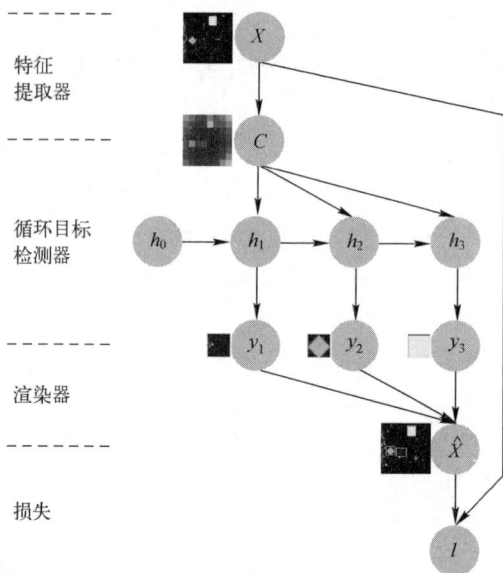

图 3.2　无监督多目标检测框架图

（X 为输入图像，C 为提取的输入特征，h_i 和 y_i 分别为循环目标检测器在第 i 次迭代的

状态和输出（$i \in \{1, 2, \cdots, I\}$，$I = 3$），$\hat{X}$ 为重构图像，l 为重构损失。）

3.2.2　特征提取器

本书通过使用一个神经网络特征提取器 $\mathrm{NN}^{\mathrm{feat}}$（将采用现有的架构，详见 3.3 节）将输入图像 X 压缩为输入特征 C：

$$C = \mathrm{NN}^{\mathrm{feat}}(X; \boldsymbol{\theta}^{\mathrm{feat}}) \tag{3.1}$$

其中，$X \in [0, 1]^{H \times W \times D}$ 的高度为 H，宽度为 W，通道数为 D；$C \in \mathbb{R}^{M \times N \times S}$ 的高度为 M，宽度为 N，通道数为 S；$\boldsymbol{\theta}^{\mathrm{feat}}$ 是待学习的神经网络参数。通过设定 $H \times W \times D > M \times N \times S$，可使 C 中的元素个数远小于 X。以 C 作为后续模块的输入，便可在很大程度上降低目标检测的计算复杂度。

与传统特征提取方法不同的是，该模块是可学习的，即可通后续重构损失的反向传播来对参数 $\boldsymbol{\theta}^{\mathrm{feat}}$ 进行端对端的优化，从而提取更具有判别力的特征来实现目标检测。

3.2.3　循环目标检测器

由于同类物体在图像序列 MOD 任务中通常具有相似的模式（如行人均由头、身体和四肢构成），因此可重复（循环）利用同一神经网络模型从输入特征 C 中提取物体，该模型称为循环目标检测器。这样不仅可以有效地对模型进行正则化(regularization),还可以减少参数的数量(由于反复利用同一神经网络,因此参数数量不会随物体个数的增加而增长),从而在物体个数增加时保持模型学习的效率。

循环目标检测器由一个循环更新模块 NN^{upd} 和一个输出模块 NN^{out} 构成。在第 i 次迭代($i \in \{1, 2, \cdots, I\}$,其中 I 为最大检测步数)中,检测器基于其前一次迭代的状态向量 $\boldsymbol{h}_{i-1} \in \mathbb{R}^R$ 以及输入特征 $\boldsymbol{C}$,首先通过 NN^{upd}(参数为 $\boldsymbol{\theta}^{upd}$)来更新其状态向量:

$$\boldsymbol{h}_i = NN^{upd}(\boldsymbol{h}_{i-1}, \boldsymbol{C}; \boldsymbol{\theta}^{upd}), \quad \boldsymbol{h}_i \in \mathbb{R}^R \tag{3.2}$$

虽然可直接通过一个 RNN 来表示 NN^{upd}($\boldsymbol{C}$ 需要被向量化),但这样做的效率较低(见 3.3 节)。为此,本书提出了一种新的 MRAN 来对 NN^{upd} 进行建模以提高模型的效率(详见 3.3 节)。

在得到更新后的状态 $\boldsymbol{h}_i$ 后,便可通过输出模块 NN^{out}(将采用现有的架构,详见附录 B.1,其参数为 $\boldsymbol{\theta}^{out}$)生成检测器输出:

$$\boldsymbol{y}_i = NN^{out}(\boldsymbol{h}_i; \boldsymbol{\theta}^{out}) \tag{3.3}$$

其中,$\boldsymbol{y}_i = \{y_i^c, \boldsymbol{y}_i^l, \boldsymbol{y}_i^p, \boldsymbol{Y}_i^s, \boldsymbol{Y}_i^a\}$ 是一个五元组,为第 i 个检测目标的中层表示(mid-level representation),其具体含义如下(可参考图 3.3 中"检测器输出"虚线框中的内容):

(1)置信度 $y_i^c \in [0, 1]$ 为检测器捕获到物体的概率(软标记),1 代表检测到物体,0 代表未检测到物体)。

(2)图层 $\boldsymbol{y}_i^l \in \{0, 1\}^K$ 为物体所占据图层的独热码(one-hot encoding)。本书认为每幅图像包含 K 个物体图层和一个背景图层,其中高层物体遮挡低层物体,而背景则为第 0(最低)层。例如,若 $K=4$,则 $\boldsymbol{y}_i^l = [0, 0, 1, 0]$ 代表第 3 层。

(3)姿态 $\boldsymbol{y}_i^p = [\hat{s}_i^x, \hat{s}_i^y, \hat{t}_i^x, \hat{t}_i^y] \in [-1, 1]^4$ 为规范化的物体姿态,用于计算尺度 $[s_i^x, s_i^y] = [1 + \eta^x \hat{s}_i^x, 1 + \eta^y \hat{s}_i^y]$ 和平移 $[t_i^x, t_i^y] = \left[\frac{W}{2} \hat{t}_i^x, \frac{H}{2} \hat{t}_i^y\right]$,其中 η^x,$\eta^y > 0$ 为常数。

(4)形状 $\boldsymbol{Y}_i^s \in \{0, 1\}^{U \times V \times 1}$ 为二值的(binary)物体形状蒙版,其高度为 U,宽度为 V,通道数为 1。

(5)外貌 $\boldsymbol{Y}_i^a \in [0, 1]^{U \times V \times D}$ 为物体外貌,其高度为 U,宽度为 V,通道数为 D。

由于神经网络中各层的激活(通过线性变换获得)的取值范围为 $(-\infty, \infty)$,为使上述各变量满足所设定的值域,在 NN^{out} 的最后一层(即输出层)中,还需对各变量的激活进行相应的变换。因此,在输出层中,y_i^c 和 $\boldsymbol{Y}_i^a$ 由 sigmoid 函数生成,$\boldsymbol{y}_i^p$ 由 tanh 函数生成,$\boldsymbol{y}_i^l$ 和 $\boldsymbol{Y}_i^s$ 分别从类别(categorical)分布和伯努利(bernoulli)分布中采样得到。由于采样是不可微的,因此误差梯度无法直接反向传播至这些分布的参数。为此,采用直通(straight-through)Gumbel-Softmax 估计器[207]来重新参数化(reparameterize)这两个分布,从而实现分布参数和随机变量的解耦,这样便仍然可以应用反向传播[207]。

以上所定义的中层表示不但灵活,而且可以直接用以重构输入帧,并实现各输出变量间的解耦(如后所述)。此外,通过实验,发现对 y_i^l 和 Y_i 的离散表示对于解耦也至关重要。

▶ 3.2.4 渲染器

为了在只有检测器输出 $\{y_i \mid i = 1, 2, \cdots, I\}$ 而没有训练标签的情况下定义训练目标,本书提出了一种可微渲染器,它能够将检测器在所有检测步的输出转换为重构图像,并通过反向传播来最小化重构误差。由于该渲染器是无参数且确定性的,它可鼓励正确的检测器输出(以获得正确的重构),使特征提取器和循环目标检测器学得生成所需的输出。渲染器的渲染过程如图3.3所示,其包括空间变换、层合成和帧合成3个阶段:

(1)空间变换。首先,根据物体的姿态 y_i^p,通过一个空间变换器网络(spatial transformer network,STN)[208]来分别对该物体的形状 Y_i^s 和外貌 Y_i^a 进行缩放和平移,从而将它们变换到图像坐标系下,即

$$T_i^s = \mathrm{STN}(Y_i^s, y_i^p) \tag{3.4}$$

$$T_i^a = \mathrm{STN}(Y_i^a, y_i^p) \tag{3.5}$$

式中: $T_i^s \in \{0, 1\}^{H \times W \times 1}$ 和 $T_i^a \in [0, 1]^{H \times W \times D}$ 分别为空间变换后的形状和外貌。STN 的原理详见文献[208],它是无参数且可微的。

(2)层合成。其次,利用获得的 T_i^s 和 T_i^a,根据物体的置信度 y_i^c 和图层 y_i^l,合成 k 层图像($k \leqslant I$),其中每层图像可包含多个物体。本书提出了一种新的层合成方法,其中第 k 层图像合成为

$$L_k^m = \min\left(1, \sum_{i=1}^{I} y_i^c y_{i,k}^l T_i^s\right) \tag{3.6}$$

$$L_k^f = \sum_{i=1}^{I} y_i^c y_{i,k}^l T_i^s \odot T_i^a \tag{3.7}$$

式中: $L_k^m \in [0, 1]^{H \times W \times 1}$ 为图层前景蒙版; $L_k^f \in [0, I]^{H \times W \times D}$ 为图层前景; $\odot$ 为逐元素的乘法①。

(3)帧合成。最后,利用这些图层便可迭代地重构出输入图像。本书提出了一种新的帧合成方法,即按照 $k = 1, 2, \cdots, K$ 进行迭代:

$$\hat{X}^{(k)} = (1 - L_k^m) \odot \hat{X}^{(k-1)} + L_k^f \tag{3.8}$$

---

① 当其操作数具有不同尺寸时,会首先对尺寸较小的操作数其进行广播。如对 $T_i^s \odot T_i^a$,会将 T_i^s 分别与 $T_{i,:,:,1}^a, \cdots, T_{i,:,:,D}^a$ 进行逐元素相乘。

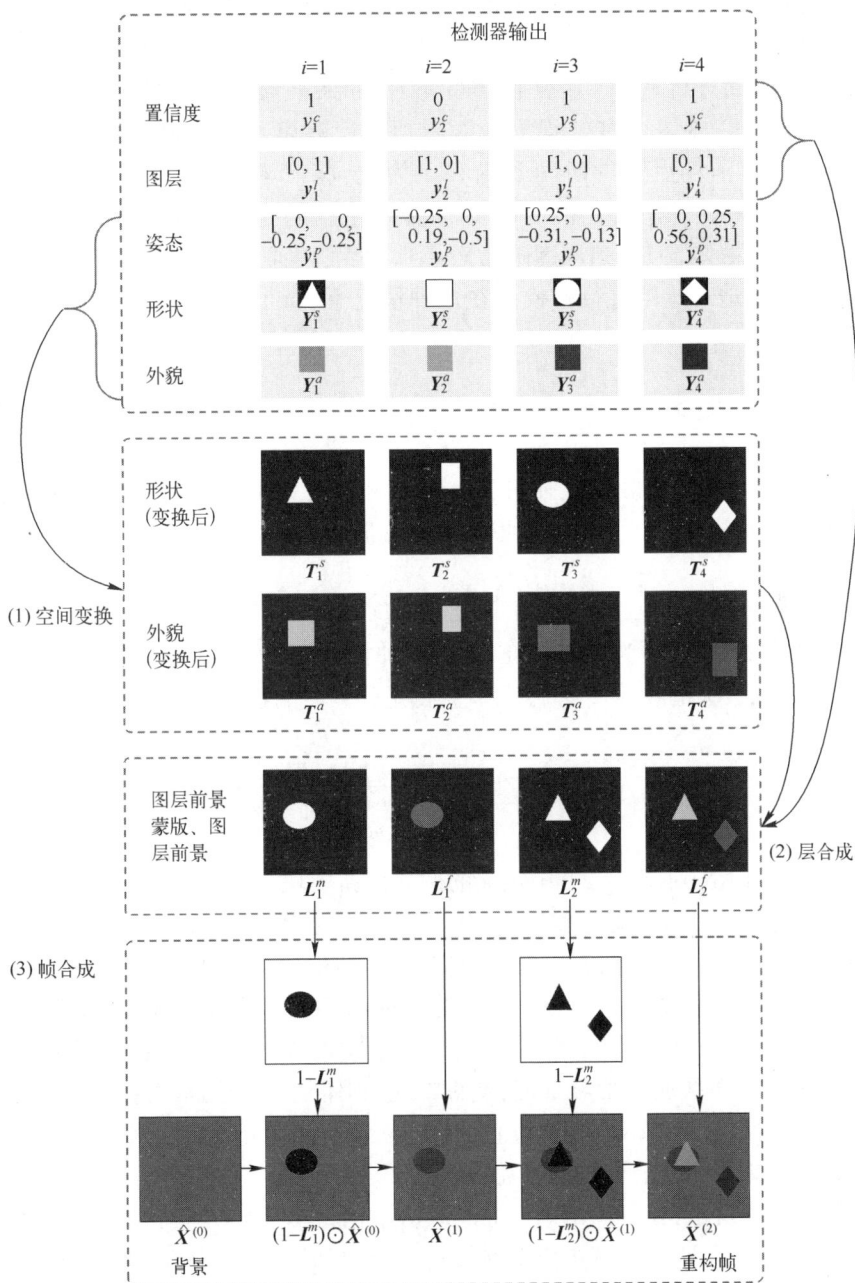

图 3.3 将检测器输出转换为重构图像的渲染过程的图

(最大检测步数 $I = 4$,图层数 $K = 2$,尺度系数 $\eta^x = \eta^y = 1$。)

式中:当 $k=0$ 时,$\hat{X}^{(k)}$ 为提取的背景;当 $k=K$ 时,$\hat{X}^{(k)}$ 为最终的重构图像。

虽然层合成(式(3.6)和(3.7))可通过矩阵运算来实现并行加速,但并不能对遮挡进行建模(重叠物体区域中的像素值只是简单地被叠加)相反,帧合成(式(3.8))能够很好地对遮挡进行建模,但其迭代过程无法被并行化,因此会消耗更多的时间和内存。为此,将二者结合,既降低了运算的复杂度,又保留了遮挡建模的能力。值得注意的是,尽管场景中可能存在较多的遮挡物体,但遮挡深度通常较小。因此,可通过使用较小的层数 K(如 $K=3$)来有效地对遮挡进行建模。在这种情况下,每个图层可容纳多个非遮挡物体。

▶▶ 3.2.5 损失

在得到重构的图像 $\hat{X}$ 后,便可为每个样本定义其损失 l,从而驱动特征提取器和循环目标检测器的学习。这里提出如下损失函数:

$$l = \mathrm{MSE}(\hat{X}, X) + \lambda \cdot \frac{1}{I} \sum_{i=1}^{I} s_i^x s_i^y \tag{3.9}$$

等式右侧,第一项为重构 MSE,而带有加权常数 $\lambda > 0$ 的第二项为紧凑性约束,用于惩罚较大的物体尺度 $[s_i^x, s_i^y]$ 获得足够紧凑的物体边界框。

3.3 记忆式循环注意力网络

当使用 RNN 对式(3.2)中定义的循环更新模块 $\mathrm{NN}^{\mathrm{upd}}$ 进行建模时,可能会面临两个问题:①为了避免重复检测(即在不同的检测步检测到同一个物体),检测器状态 h_i 需要存储所有历史检测步($\forall i'<i$)的信息,因此无法分离记忆(存储)和运算,从而降低了检测当前物体的效率;②为了提取特定物体的特征,检测器需要额外地学得使用注意力机制(专注于输入特征 C 上包含该物体特征的局部区域),从而增加了学习难度,使训练更加困难。为此,本书提出了记忆式循环注意力网络(MRAN),它通过直接将输入特征作为外部记忆来克服问题①,并通过显式地采用注意力机制来克服问题②。

如图 3.4 所示,在 MRAN 中,将记忆初始化为 $C^{(0)} = C$,然后由循环目标检测器在第 $1, 2, \cdots, I$ 个检测步依次对其进行读取和写入。这样一来,来自过去 i 次检测的所有信息便可由 $C^{(i)}$ 而非 h_i 来记录。在第 i 次迭代中,检测器首先利用注意力机制从先前的记忆 $C^{(i-1)}$ 中读取特征并更新其状态 h_i,然后再利用注意力机制将新的内容写入当前记忆 $C^{(i)}$。因此,不同于式(3.2),由 MRAN 所表示的循环更新模块 $\mathrm{NN}^{\mathrm{upd}}$ 具备如下形式:

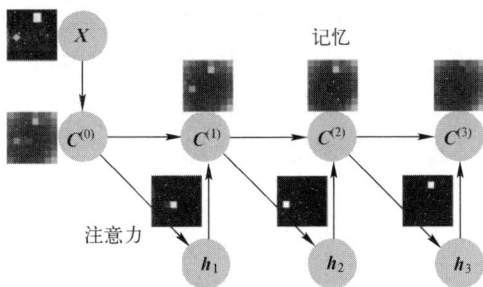

图 3.4　记忆式循环注意力网络（见彩插）

（X 为输入图像，$C^{(i)}$ 和 h_i 分别为在第 i 个检测步中更新后的记忆和检测器状态（这里最大检测步数 $I=3$），
绿色和蓝色的粗箭头分别表示利用注意力机制对记忆进行的读操作和写操作。）

$$\{ C^{(i)} , h_i \} = \mathrm{NN}^{\mathrm{upd}}(C^{(i-1)} ; \theta^{\mathrm{upd}}) \tag{3.10}$$

这里，可将式（3.10）进一步分解为生成注意力、读取记忆和写入记忆三个阶段：

（1）生成注意力。首先，采用基于位置的寻址（location-based addressing）显式地将注意力应用在记忆上，而注意力权重 W_i 则直接由注意力网络 $\mathrm{NN}^{\mathrm{att}}$ 生成：

$$W_i = \mathrm{NN}^{\mathrm{att}}(C^{(i-1)} ; \theta^{\mathrm{att}}) \tag{3.11}$$

其中，$W_i \in [0,1]^{M \times N}$ 通过在 $\mathrm{NN}^{\mathrm{att}}$ 的输出层使用 softmax 函数获得，满足 $\sum\limits_{n=1}^{N} \sum\limits_{m=1}^{M} W_{i,m,n} = 1$。这里，$W_{i,m,n}$ 为记忆 $C^{(i-1)}$ 在位置 $[m,n]$ 上的注意力权重。

（2）读取记忆。其次，令 $c_{m,n}^{(i-1)} \in \mathbb{R}^S$ 表示 $C^{(i-1)}$ 上位于 $[m,n]$ 的特征向量，可将读操作定义为不同位置特征向量按照注意力 W_i 进行加权的和：

$$r_i = \sum_{n=1}^{N} \sum_{m=1}^{M} W_{i,m,n} c_{m,n}^{(i-1)} \tag{3.12}$$

式中：$r_i \in \mathbb{R}^S$ 为读向量（read vector），表示与当前检测相关的、被注意力聚焦的记忆的加权和。以 r_i 代替 $C^{(i-1)}$ 作为输入记忆，再利用一个线性变换 Linear（参数为 θ^{upd}）和一个 tanh 函数，便可实现对检测器状态的更新[①]：

$$\hat{h}_i = \mathrm{Linear}(r_i ; \theta^{\mathrm{upd}}) \tag{3.13}$$

$$h_i = \tanh(\hat{h}_i) \tag{3.14}$$

（3）写入记忆。最后，先利用 h_i 来生成擦除向量（erase vector）和写向量（read vector）：

$$\{ \hat{e}_i , v_i \} = \mathrm{Linear}(h_i ; \theta^{wrt}) \tag{3.15}$$

$$e_i = \mathrm{sigmoid}(\hat{e}_i) \tag{3.16}$$

---

① Linear$(x;\theta) = xA + b$，A 和 b 为待学习的参数（θ 为 A 和 b 合并后的向量化表示）。

式中：$e_i \in [0,1]^s$ 为擦除向量，用于擦除记忆中已有内容；$v_i \in \mathbb{R}^s$ 为写向量，用于向记忆中添加新的内容。利用 e_i 和 v_i，便可按照式（3.11）生成的注意力 W_i 来对每个位置的记忆 $c_{m,n}^{(i-1)}$ 进行写操作：

$$c_{m,n}^{(i)} = (1-W_{i,m,n}e_i) \odot c_{m,n}^{(i-1)} + W_{i,m,n}v_i \tag{3.17}$$

虽然上述方法使检测器能够通过注意力访问 $C^{(i)}$，但若每个特征向量 $c_{m,n}^{(i)}$ 的感受野足够大（如覆盖输入图像 X 的全部区域），检测器仍然无法通过注意力访问 X。在这种情况下，检测器难以正确地从 X 中关联物体。因此，本书将特征提取器 NN^{feat} 设置为仅由卷积层组成的全卷积网络[209-211]。通过设计 FCN 中每一卷积层和池化（pooling）层的核尺寸，便可将 $c_{m,n}^{(i)}$ 的感受野控制在图像上的局部区域，从而使检测器也能够通过注意力来访问 X。此外，全卷积网络中的参数共享机制能够很好地捕获图像中的空间正则性（即不同图像位置上的同类物体具有相似的模式）。由于图像的局部区域很难包含物体的位置信息（平移 $[t_i^x, t_i^y]$），因此可通过将 2D 图像坐标作为 2 个额外的通道附加到 X 中来添加此信息。

式（3.11）~式（3.17）中所提出的 MRAN 借鉴了神经图灵机（neural turing machine，NTM）[212, 213] 的思想。由于检测器通过接口变量（interface variables）r_i、e_i 和 v_i 与外部记忆 $C^{(i)}$ 进行交互，因此无需将来自历史检测步的信息编码到工作记忆（working memory）h_i 中，从而提高了检测效率。

3.4 实 验

本章实验的主要目的包括：①验证遮挡建模和 MRAN 在模型中的重要性；②测试模型是否适用于静态背景下的真实场景；③测试在静态背景真实场景下训练的模型能否很好地泛化到动态背景下的真实场景中。

对于目的①，本文创建了一个合成数据集，即 sprites，并考虑以下配置：

（1）UMOD-MRAN 为带有 MRAN 的 UMOD，这是本章的标准模型，如 3.2 和 3.3 节中所述。

（2）UMOD-MRAN-noOcc 为不含遮挡建模的 UMOD-MRAN，通过将图层数 k 固定为 1 来实现的。

（3）UMOD-RNN 为带有 RNN 的 UMOD，通过将循环更新模块 NN^{upd} 设置为门控循环单元[53]来实现的，如 3.2.3 节中所述，这样便禁用了外部记忆和注意力。

（4）AIR 为本文所实现的文献[115] 中所提出的生成模型，它能够通过推理用于 MOD，该模型仅用于定性实验。

值得注意的是，为 UMOD-MRAN 设定相应的监督式模型较为困难，因为计算监督损失需要寻找检测器输出和标注的数据之间的最佳匹配，而这本身就是一个优化难题。

对于目的②,本书在具有挑战性的 DukeMTMC 数据集[170]上评估 UMOD-MRAN,并将其与目前效果最好的方法进行比较。

对于目的③,本书在流行的 TUD 数据集[120]上评估 UMOD-MRAN,并将其与目前效果最好的方法进行比较。

实验详情见附录 B.1。

▶ 3.4.1　Sprites 数据集

作为一个试验性实验,测试模型是否能够稳定地处理遮挡并推理物体的存在、位置、尺度、形状和外观,从而生成准确的物体边界框。因此,本书创建了一个新的 sprites 数据集,它由 1M 彩色图像组成,每幅图像的尺寸为 128×128×3 像素, 包括黑色背景和 0~3 个色块,它们可以相互遮挡。每个色块为一个 21×21×3 像素的彩色图像块,具有随机的尺度、位置、形状(菱形、矩形、三角形、圆形)和颜色(青色、品红色、黄色、蓝色、绿色、红色)。

为了解决该任务,对于 UMOD 配置,设置最大检测步数 $I=4$。训练时,将批次尺寸设置为 128。

训练曲线如图 3.5 所示。可以看出,UMOD-MRAN 和 UMOD-MRAN-noOcc 的收敛速度明显快于 UMOD-RNN,这表明使用 MRAN 可以更轻松地训练 UMOD。然而,从最终的验证损失可知,UMOD-MRAN 和 UMOD-RNN 略好于 UMOD-MRAN-noOcc,这意味着如果没有可以建模遮挡的分层表示,输入图像不能很好地被重构。

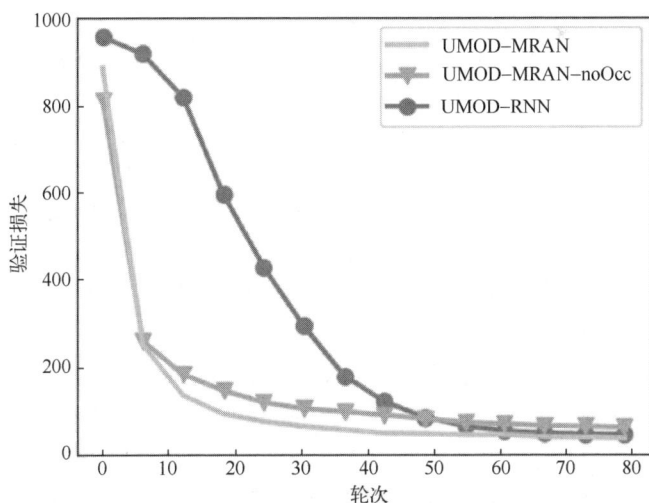

图 3.5　不同配置在 sprites 上的训练曲线

　　为了直观地观测检测的性能,将 UMOD-MRAN 的结果与其他配置进行定性比较,结果如图 3.6 所示。可以看到,UMOD-MRAN 的表现良好且可以稳定地推理出物体的存在、图层、位置、尺度、形状和外观。而 UMOD-RNN 的性能略低于 UMOD-MRAN,因为它有时无法恢复遮挡次序(第 2、5、7 列)。然而,当图层数 $k=1$ 时,UMOD-MRAN-noOcc 和 AIR 表现更差,因为它们不能处理遮挡(第 3、5、6、9 列),有时会丢失检测(第 1、2、7、8 列)。本书推测模型抑制了被遮挡的输出,因为将它们的像素值累加到单个层可能会导致很高的重构误差。

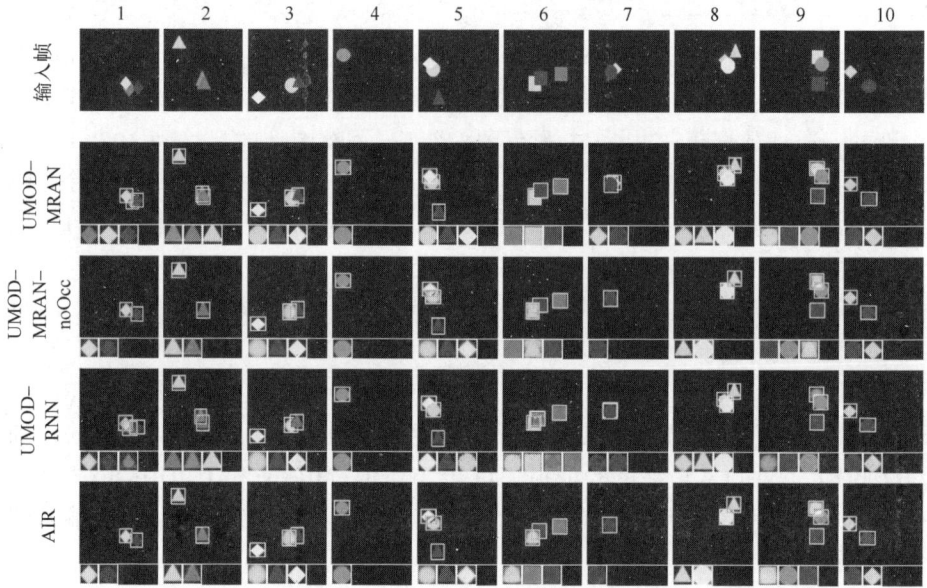

图 3.6　不同配置在 sprites 上的定性结果

(对于每一配置,显示了重构图像(顶部)和检测器输出(底部),其中,从左至右的检测器输出
分别对应于检测器的第 1 到 I 步(这里 $I=4$)。每一步检测器的输出 y_i 被可视化
为 $(y_i^c Y_i^s \odot Y_i^a) \in [0, 1]^{U \times V \times D}$。)

　　为了定量地评估模型,使用常用的 MOD 指标来评估不同的配置,包括平均精度(average precision, AP)[103]、多目标检测精度(multi-object detection accuracy, MODA)和多目标检测准确度(multi-object detection precision, MODP)[214]、每帧平均虚警数(average false alarm number per frame, FAF)、总体正确检测数(total true positive number, TP)、总体虚警数(total false positive number, FP),总体漏检数(total false negative number, FN)、准确率(precision)(TP/(TP+FP))和召回率(recall)(TP/(TP+FN))。结果如表 3.1 所示。UMOD-MRAN 在所有指标上均超过其他所有配置。在没有分层表示的情况下,UMOD-MRAN-noOcc 和 AIR 的性能很大程度上受到较高 FN(分别为 1702 和 1964)的影响,这再次表明

当仅使用单个图层时,检测器输出会被抑制。此外,当没有显式地建模注意力和外部记忆时,UMOD-RNN 和 AIR 分别比 UMOD-MRAN 和 UMOD-MRAN-noOcc(在所有度量中)表现得稍差,这意味着结合这两个先验知识可以很好地正则化模型,以便它可以学得提取更准确的输出。

表 3.1　不同配置在 sprites 上的检测性能对比

配　　置	AP↑	MODA↑	MODP↑	FAF↓	TP↑	FP↓	FN↓	准确率↑	召回率↑
UMOD-MRAN	96.8	95.3	91.5	0.02	21,016	234	807	98.9	96.3
UMOD-MRAN-noOcc	92.7	90.3	90.3	0.04	20,121	415	1,702	98.1	92.2
UMOD-RNN	94.5	94.1	90.6	0.03	20,819	284	1,004	98.7	95.4
AIR	90.5	88.2	88.6	0.06	19,859	611	1,964	97.2	91.0

3.4.2　DukeMTMC 数据集

为了检验本书的模型应用于更灵活且复杂的真实数据时的性能,这里在具有挑战性的 DukeMTMC 数据集[170]上评估 UMOD-MRAN。该数据集由 8 个分辨率为 1080×1920 像素的视频组成,其中每个视频包含时长为 50min 的训练集、10min 的困难测试集和 25min 的简单测试集。这些视频由 8 个固定摄像机采集,以 60 帧/s(frame per second,fps)的速度记录了杜克大学校园各个地方的人员流动情况。

对于 UMOD-MRAN,设定最大检测步数 I 为 10。当图像序列中的背景为静态背景时,采用独立多模态背景减除(independent multimodal background subtraction,IMBS)算法[215]来提取背景 $\hat{X}^{(0)}$。对于训练,本书将批次大小设置为 32。为了简化处理,将输入图像的大小缩放为 108×192 像素。训练单个模型,并在所有场景的简单测试集上进行评估。值得注意的是,不在困难测试集上评估模型,因为它们包含了不同于训练集的数据统计特性。

定性结果如图 3.7 和 3.8 所示。UMOD-MRAN 在各种情形下均表现良好,例如:①少量行人(第 1~3 行第 4 列);②大量行人(第 1~2 行第 5 列);③被遮挡的行人(第 2 行第 2 列);④靠近摄像机的行人(第 1 行第 4 列);⑤远离摄像头的行人(第 2 行第 6 列);⑥具有不同形状或外貌的行人(第 1 行第 8 列);⑦难以与背景区分开的行人(第 1 行第 6 列)。

定量结果如表 3.2 所示。UMOD-MRAN 在所有指标上均超过 DPM[97],到了 87.2% 的 AP,明显高于 DPM(AP 为 79.3%),并且也非常接近最近提出的 Faster R-CNN[99](AP 为 89.7%)。虽然 CRAFT[172]和 RRC[171]表现最佳(AP 分别为 91.1% 和 92.0%),但 UMOD-MRAN 是第一个无需任何训练标签或提取的特征的模型。此外,由于 UMOD-MRAN 充分利用了参数共享机制,它在 AP

达到 RRC 的 94.78% 的情况下,参数数量(5.87M,见附表 B.1)仅为 RRC(参数数量为 30.67M)的 19.14%,因此降低了求解参数所需的数据量。

图 3.7　UMOD-MRAN 在 DukeMTMC 的不同场景上的定性结果(1)

(对于每一样本,本书显示输入图像(顶部)、重构图像(中部)和检测器输出(底部)。在每一样本中,从左至右的检测器输出分别对应检测器的第 1 到 I 步(这里 $I=10$)。每一步检测器的输出 y_i 被可视化为 $(y_i^c \boldsymbol{Y}_i^s \odot \boldsymbol{Y}_i^a) \in [0,1]^{U \times V \times D}$。)

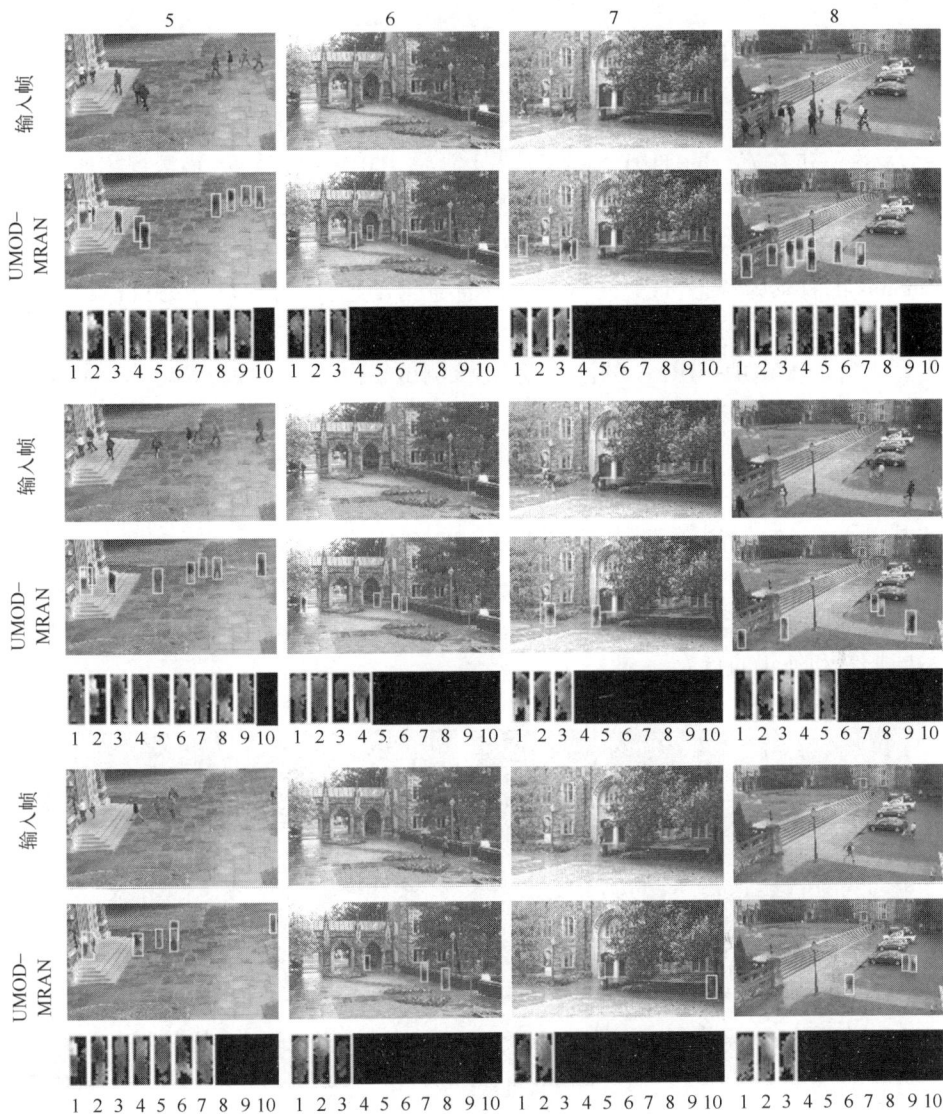

图 3.8　UMOD-MRAN 在 DukeMTMC 的不同场景上的定性结果(2)

表 3.2　不同方法在 DukeMTMC 上的检测性能对比

方　　法	AP↑	MODA↑	MODP↑	FAF↓	TP↑	FP↓	FN↓	准确率↑	召回率↑
DPM[97]	79.3	66.9	83.4	0.32	108,050	22,445	19,820	82.8	84.5
Faster R-CNN[99]	89.7	82.1	87.5	0.13	114,443	9,413	13,427	92.4	89.5
CRAFT[172]	91.1	83.4	89.8	0.12	115,850	8,586	12,020	93.1	90.6
RRC[171]	92.0	84.3	90.7	0.13	116,873	9,068	10,997	92.8	91.4
UMOD-MRAN	87.2	78.7	85.3	0.15	111,247	10,601	16,623	91.3	87.0

▶ 3. 4. 3   TUD 数据集

为了测试训练后的 UMOD-MRAN 在新的真实场景(含动态背景)下的泛化能力,进一步在流行的 TUD 数据集[120]上评估 UMOD-MRAN。该数据集通过车载摄像头采集获得,包含 2 个行人检测训练集和 3 个行人检测测试集,其中测试集 TUD-Campus 和 TUD-Crossing 为序列图像,其他均为单帧图像。TUD-Campus 的背景为静态,TUD-Crossing 的背景为动态,二者也可作为目标跟踪的测试集来使用。采用包含动态背景的 TUD-Crossing 测试集,测试在 DukeMTMC 上所训练的 UMOD-MRAN 的泛化能力,该测试集包含 201 帧分辨率为 480×640 像素的图像和 1102 个标注的边界框(对应于 13 条行人轨迹)。

在该数据集上,UMOD-MRAN 的模型配置与 DukeMTMC 一致。在预处理中,首先将输入图像的尺寸缩放为 108×144 像素,其次对其两侧进行零值填充使其尺寸为 108×192 像素,从而与 DukeMTMC 实验一致。

定性结果如图 3.9 所示。UMOD-MRAN 在 TUD 数据集上的泛化性能良好,不但可适用于动态场景,还能够很好地处理遮挡(第 1 和 3 列)和区分具有不同形状和外貌的行人。

图 3.9   UMOD-MRAN 在 TUD 上的定性结果

(对于每一样本,本书显示输入图像(顶部)、重构图像①(中部)和检测器输出(底部)。在每一样本中,从左至右的检测器输出分别对应于检测器的第 1 到 I 步(这里 $I=10$)。每一步检测器的输出 y_i 被可视化为$(y_i^c Y_i^s \odot Y_i^a) \in [0,1]^{U \times V \times D}$。)

定量结果如表 3.3 所示。UMOD-MRAN 在所有指标上均超过 DPM[97]。它达到了 84.5% 的 AP,明显高于 DPM(AP 为 76.8%),并且也非常接近最近提

---

① 与 DukeMTMC 不同,TUD 中包含了动态背景。由于 IMBS 算法无法提取动态背景,因此采用了输入图像 X 来代替重构图像中的动态背景 $\hat{X}(0)$ 以便于实现可视化。

出的 Faster R-CNN[99]（AP 为 86.1%）。虽然 CRAFT[172] 和 RRC[171] 表现最佳（AP 分别为 88.8% 和 88.4%），但 UMOD-MRAN 是第一个无需任何训练标签或提取的特征的模型。此外，由于 UMOD-MRAN 充分利用了参数共享机制，它在 AP 达到 CRAFT 的 95.16% 时，参数数量（5.87M，见附表 B.1）仅为 CRAFT（参数数量为 46.67M）的 12.58%，因此降低了求解参数所需的数据量。

表 3.3　不同方法在 TUD 上的检测性能对比

方　　法	AP ↑	MODA ↑	MODP ↑	FAF ↓	TP ↑	FP ↓	FN ↓	准确率 ↑	召回率 ↑
DPM[97]	76.8	63.1	81.7	1.07	910	215	192	80.9	82.6
Faster R-CNN[99]	86.1	74.0	84.1	0.63	941	126	161	88.2	85.4
CRAFT[172]	88.8	80.6	88.2	0.46	980	92	122	91.4	88.9
RRC[171]	88.4	75.6	86.3	0.63	959	126	143	88.4	87.0
UMOD-MRAN	84.5	75.8	83.6	0.53	942	107	160	89.8	85.5

3.4.4　UMOD-MRAN 数据集的可视化

为了进一步理解该模型，本书对 UMOD-MRAN 在 sprites 上的内部工作机制进行了可视化，如图 3.10 所示。记忆 $C^{(i)}$ 和注意力权值 W_i 均被可视化为 $M\times$

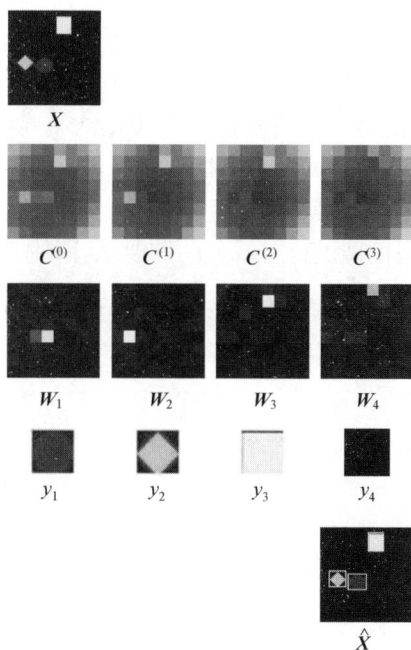

图 3.10　在 Sprites 上对 UMOD-MRAN 进行可视化

（最大检测步数 $I=4$）

$N(8\times8)$的矩阵(越亮的像素表示越大的值),其中对于 $C^{(i)}$,矩阵由最后一维的平均值组成。检测器输出 y_i 被可视化为 $(y_i^c Y_i^s \odot Y_i^a) \in [0,1]^{U\times V\times D}$。在第 i 步检测,记忆 $C^{(i-1)}$ 生成一个注意力权重 W_i,检测器首先通过它对 $C^{(i-1)}$ 进行读取,然后写入 $C^{(i)}$。可以发现,在每个检测步中,与关联物体 y_i 相关的记忆内容($C^{(i-1)}$ 上的明亮区域)被写操作所擦除(变暗),从而有效地防止检测器在下一个检测步中再次读取它。

3.5 相 关 工 作

近年来,一些工作已经开始使用无监督学习来从图像中提取期望的模式,例如[109-111]主要面向寻找底层的解耦合因子,文献[112-114]主要面向提取中层的语义信息,而文献[115-119]则主要面向寻找高层的语义信息。然而,与这些方法不同,UMOD-MRAN 主要面向 MOD 任务。它采用一种新的渲染方案来处理遮挡,并引入记忆和注意力以提高效率,因而非常适合图像序列的 MOD。

3.6 本 章 小 结

本章提出了一种新的 UMOD 框架来解决图像序列的 MOD 任务。与其他流行方法相比,本章所提出的 UMOD-MRAN 的主要优点是它无需任何训练标签或提取的特征。该模型的另一个重要优势是 MRAN 模块可以大大地提高检测效率并简化模型训练。本章对所提出的模型在合成数据集和真实数据集上均进行了评估,并展示了有效性和实用性。

在第 4 章中,将对该模型进行时域上的扩展,从而使其能够应用于多目标跟踪任务中。

第4章 面向无监督多目标跟踪的重优先化循环注意力网络

4.1 引 言

视频的在线 MOT 在自主驾驶场景感知中扮演着重要的角色,同时也是一项极具挑战的计算机视觉任务。大多数现有的 MOT 算法都基于通过检测跟踪(tracking-by-detection,TBD)的框架,并结合流行的机器学习方法以减少调节算法参数所需的人力。然而,常用的监督式学习方法需要标注的数据(如边界框),这对于视频来说十分昂贵。此外,TBD 框架通常是次优的,因为它不是端对端的,即它将任务分解为了独立的检测和跟踪,而没有一起考虑。为了实现 MOT 的无监督和端对端学习,本书提出了一种通过生成动画跟踪(tracking-by-animation,TBA)的框架,首先通过一个时序神经网络来跟踪输入帧中的物体,其次以生成动画(animation)的方式将这些跟踪结果转换为重构帧。通过重构误差的反向传播,便可驱动时序神经网络的学习。本书进一步提出了重优先化注意式跟踪(reprioritized attentive tracking,RAT)来防止过拟合和中断的跟踪,从而提高数据关联的鲁棒性。最后,在两个合成数据集上评估了所提出的模型,并展示了其潜力。

4.2 通过生成动画进行跟踪

▶ 4.2.1 概述

本书第 3 章已经介绍了如何利用 UMOD 框架来完成无监督的端对端多目标检测。由于对视频的每一帧进行多目标检测所得到的结果在时间上是相互独立的,因此并无法直接获得每个物体的运动轨迹。还需要对在不同帧所检测到的相同物体进行时域上的关联,从而实现对多个物体的跟踪。本章所提出的 TBA 框架是对 UMOD 在时域上的扩展,以此实现 MOT 任务的无监督端对端学习。

由于视频数据由多帧序列图像构成,因此 TBA 框架采用与 UMOD 框架类似的思路,通过最小化重构误差来实现无监督学习。TBA 框架采用时序神经网络来对输入视频进行一系列处理,并输出相应的跟踪结果。由于训练数据中不包含标注的真实跟踪结果,因此无法采用有监督学习的方式来训练时序神经网络中的参数。为此,本方法首先将跟踪结果定义为物体在不同帧的若干属性的集合(包括其置信度、图层、姿态、形状和外貌)。这样,只需利用各个物体的属性(加上从输入视频中提取的背景),便可唯一确定地合成出一段视频(在计算机图形学中,通过时序元素生成视频的过程被称为动画制作(animation),它可通过对每一帧进行渲染来实现)。当对时序神经网络的输出跟踪结果进行逐帧渲染时,这些跟踪结果越接近真实跟踪结果(即跟踪误差越小),所渲染得到的视频(即重构视频)也就越接近输入视频(即重构误差越小)。因此,重构误差可在一定程度上间接地度量(并替代)跟踪误差。通过优化时序神经网络中的参数来最小化该重构误差,便可在一定程度上间接地最小化跟踪误差,从而辅助在未标注真实跟踪结果情况下的训练(即无监督学习)。传统的有监督 MOT 和本书提出的无监督 MOT 的对比如图 4.1 所示。

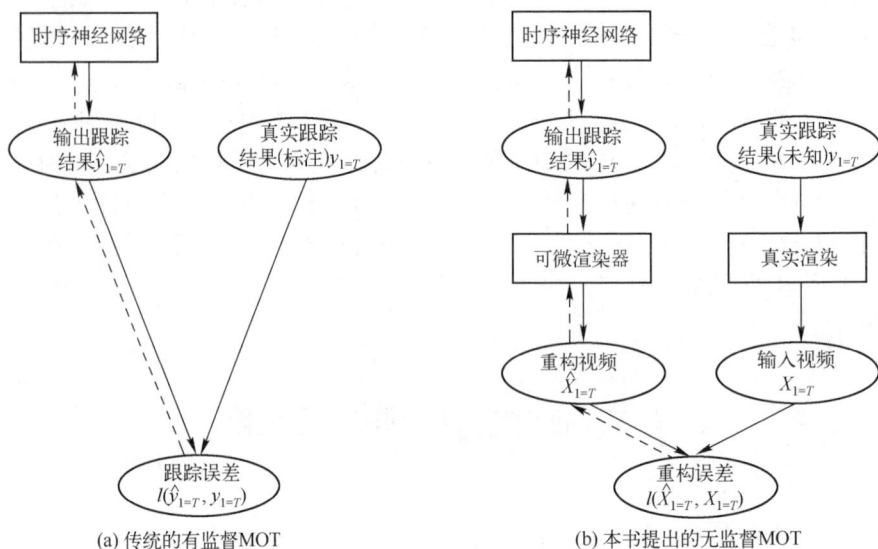

(a) 传统的有监督MOT

(b) 本书提出的无监督MOT

图 4.1 传统的有监督 MOT 和本书提出的无监督 MOT 的对比图

(其中,实线箭头表示正向传播,虚线箭头表示误差梯度的反向传播。在(b)图中,虽然真实跟踪结果和真实渲染过程均不可见,但由它们所得到的渲染结果(即输入视频)是可见的。)

事实上,与 UMOD 框架不同的是,重构误差最小化并不足以保证跟踪结果的正确性,因为它并未采用任何机制来促使时序神经网络对不同帧之间的相同物体进行关联。也就是说,即使时序神经网络错误地关联了不同帧之间的物体,只要每一帧的跟踪结果被渲染出的重构帧是正确的,仍然能够获得正确的重构视频。因此,在最小化重构误差的基础上,TBA 还在时序神经网络中引入了一种新的重优先化注意式跟踪机制(RAT,见 4.3 节)来对不同帧之间的相同物体进行显式的关联,从而提高跟踪结果的准确性。

类似于 UMOD,TBA 框架具体也包含 4 个模块,它们分别为①特征提取器——用于从每一输入帧中提取输入特征(4.2.2 节);②跟踪器阵列——每个跟踪器接收输入特征,更新自身状态,并输出跟踪结果(4.2.3 节);③渲染器(无参数)——用于将每一帧的跟踪结果转换为重构帧(4.2.4 节);④损失——利用重构误差来驱动时序神经网络(即模块①和②)的无监督端对端参数学习(4.2.5 节)。TBA 框架如图 4.2 所示。下面依次对这些模块进行详细的介绍。

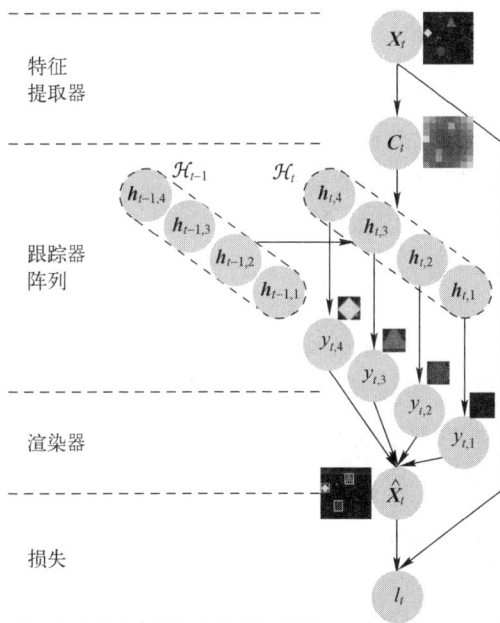

图 4.2 TBA 框架的图示(见彩插)

(其中,在时刻 t,X_t 为输入帧,C_t 为提取的输入特征,$h_{t,i}$ 和 $y_{t,i}$ 分别为第 i 个跟踪器的状态和

输出($i \in \{1,2,\cdots,I\}$,这里 $I=4$),$\hat{X}_t$ 为重构帧,l_t 为重构损失。)

4.2.2 特征提取器

当跟踪器与当前观测相关联时,为了降低计算复杂度,类似于 UMOD,首先使用一个神经网络 NN^{feat}(将采用现有的架构,详见 4.3.1 节,其参数为 θ^{feat})作为特征提取器来压缩每一时刻 t 的输入帧：

$$C_t = \text{NN}^{\text{feat}}(X_t; \boldsymbol{\theta}^{\text{feat}}) \tag{4.1}$$

式中：$X_t \in [0,1]^{H \times W \times D}$ 为输入帧，其高为 H，宽为 W，通道数为 D；$C_t \in \mathbb{R}^{M \times N \times S}$ 为提取的输入特征，其高为 M，宽为 N，通道数为 S，并包含比 X_t 更少的元素。该特征提取器与 UMOD 中所定义的类似，见式（3.1）。

▶ 4.2.3　跟踪器阵列

跟踪器阵列包含 I 个神经网络跟踪器，其中每一个跟踪器的编号为 $i \in \{1, 2, \cdots, I\}$。在时刻 t，令 $\boldsymbol{h}_{t,i} \in \mathbb{R}^R$ 为跟踪器 i 的状态向量，$\mathcal{H}_t = \{\boldsymbol{h}_{t,1}, \boldsymbol{h}_{t,2}, \cdots, \boldsymbol{h}_{t,I}\}$ 为所有跟踪器状态的集合。跟踪则可通过迭代以下两个步骤来进行：

① 状态更新。跟踪器阵列首先通过一个神经网络 NN^{upd}（参数为 $\boldsymbol{\theta}^{\text{upd}}$），基于其上一时刻的状态 $\mathcal{H}_{t-1}$，关联来自 C_t 的输入特征，从而更新其当前时刻的状态：

$$\mathcal{H}_t = \text{NN}^{\text{upd}}(\mathcal{H}_{t-1}, C_t; \boldsymbol{\theta}^{\text{upd}}) \tag{4.2}$$

虽然可以直接将 NN^{upd} 设置为 RNN[51-53]（所有变量需被向量化），但这样将存在鲁棒性不足的问题（见 4.3 节分析）。为此，提出了一种新的 RAT 机制来对 NN^{upd} 进行建模以增加数据关联的鲁棒性（详见 4.3 节）。

② 输出生成。每个跟踪器利用更新后的状态 $\boldsymbol{h}_{t,i}$，通过一个神经网络 NN^{out}（采用现有的架构，详见附录 C.1，其参数为 $\boldsymbol{\theta}^{\text{out}}$）来输出其跟踪结果：

$$\mathcal{Y}_{t,i} = \text{NN}^{\text{out}}(\boldsymbol{h}_{t,i}; \boldsymbol{\theta}^{\text{out}}) \tag{4.3}$$

其中，$\boldsymbol{\theta}^{\text{out}}$ 由不同的跟踪器所共享，而输出 $\mathcal{Y}_{t,i} = \{y_{t,i}^c, \boldsymbol{y}_{t,i}^l, \boldsymbol{y}_{t,i}^p, \boldsymbol{Y}_{t,i}^s, \boldsymbol{Y}_{t,i}^a\}$ 为二维图像平面上的物体的中层表示，包括置信度、图层、姿态、形状和外貌（与3.2.3 节中的定义一致）。

▶ 4.2.4　渲染器

为了在只有跟踪器输出 $\{\mathcal{Y}_{t,i} | t = 1, 2, \cdots, T; i = 1, 2, \cdots, I\}$ 而没有训练标签的情况下定义训练目标，这里仍然采用在 3.2.4 节所提出的无参数且可微的渲染器来逐帧地将 t 时刻的所有跟踪器的输出（类比于第 3.2.4 节中的检测器在所有检测步的输出）转换为重构帧，并通过反向传播来最小化重构误差，从而驱使特征提取器和跟踪器阵列学得生成所需的输出。

▶ 4.2.5　损失

为了驱动特征提取器和跟踪器阵列的学习，可对 t 时刻的损失 l_t 进行定义。类似式（3.9），提出如下损失函数：

$$l_t = \text{MSE}(\hat{\boldsymbol{X}}_t, \boldsymbol{X}_t) + \lambda \cdot \frac{1}{I} \sum_{i=1}^{I} [s_{t,i}^x, s_{t,i}^y] \tag{4.4}$$

式中：$[s_{t,i}^x, s_{t,i}^y]$ 为 t 时刻第 i 个跟踪器所输出的物体尺度。

4.3　重优先化注意式跟踪

　　本节旨在用设计式(4.2)所中定义的跟踪器状态更新网络 NN^{upd}。虽然可将 NN^{upd} 直接设置为一个单独的 RNN(如 4.2.3 节中所述)，但可能面临两个问题：①过拟合，因为没有任何机制来捕获数据的正则性(即同类物体中的不同个体通常具有相似的模式)；②跟踪中断，因为没有任何机制来驱使每个跟踪器去关联与之相关的输入特征。因此，本书提出了 RAT 框架，它通过单独地建模每个跟踪器并使不同的跟踪器共享同一套参数来解决问题①(这也减少了参数数量，从而使参数学习的难度不随跟踪器个数的增多而增加)，并通过利用注意力机制实现显式的数据关联来解决问题②(第 4.3.1 节)。为了避免冲突的跟踪(conflicted tracking)，RAT 还通过使用记忆来使不同的跟踪器能够交互(4.3.2 节)，以及通过在每一时刻重新设定跟踪器的优先级(即对跟踪器进行重优先化)来提升数据关联的鲁棒性(4.3.3 节)。此外，RAT 还能够根据场景中所出现物体的个数自适应调整计算时间，大大地提高模型计算效率(4.3.4 节)。RAT 框架如图 4.3 所示。下面对其机制进行详细的介绍。

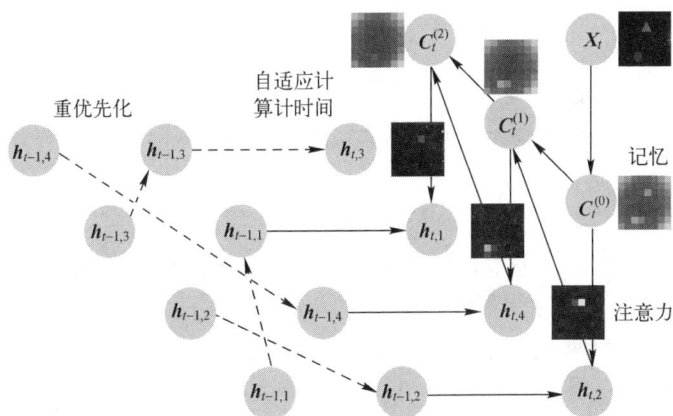

图 4.3　RAT 框架图示(见彩插)

　　图 4.3 中，在 t 时刻，$\boldsymbol{X}_t$ 为输入帧，$\boldsymbol{C}_t^{(i')}$ 为在第 i' 次迭代中更新后的记忆，$\boldsymbol{h}_{t,i}$ 为第 i 个跟踪器更新后的状态(这里跟踪器数目 $I=4$)，绿色和蓝色的粗箭头分别表示利用注意力机制对记忆进行的读操作和写操作，虚线箭头表示复制操作，

t 时刻的迭代执行了 3 次并终止于跟踪器 1。

▶ 4.3.1　使用注意力

为了使跟踪器 i 显式地从 C_t 中关联与其相关的输入特征以避免跟踪中断，这里采用基于内容的寻址(content-based addressing)。利用前一个跟踪器的状态 $h_{t-1,i}$ 生成键变量(key variables) $\mathcal{K}_{t,i}$ 和 $\beta_{t,i}$：

$$\{\mathcal{K}_{t,i},\hat{\beta}_{t,i}\}=\text{Linear}(h_{t-1,i};\theta^{\text{key}}) \tag{4.5}$$

$$\beta_{t,i}=1+\ln(1+\exp(\hat{\beta}_{t,i})) \tag{4.6}$$

式中：Linear 为线性变换(参数为 θ^{key})；$\mathcal{K}_{t,i} \in \mathbb{R}^S$ 为寻址键(addressing key)；$\beta_{t,i} \in [1,+\infty)$ 为 $\mathcal{K}_{t,i}$ 的键强度(key strength)。然后，利用 $\mathcal{K}_{t,i}$ 来匹配 C_t 中的每个特征向量(表示为 $c_{t,m,n} \in \mathbb{R}^S$，其中 $m \in \{1,2,\cdots,M\}$，$n \in \{1,2,\cdots,N\}$)，从而得到注意力权重：

$$W_{t,i,m,n} = \frac{\exp(\beta_{t,i}\text{K}(\mathcal{K}_{t,i},c_{t,m,n}))}{\sum_{n'=1}^{N}\sum_{m'=1}^{M}\exp(\beta_{t,i}\text{K}(\mathcal{K}_{t,i},c_{t,m',n'}))} \tag{4.7}$$

式中：$\text{K}(\cdot,\cdot)$ 为余弦相似度，定义为 $\text{K}(p,q)=p \cdot q/\|p\|\|q\|)$；$W_{t,i,m,n}$ 为注意力权重 $W_{t,i} \in [0,1]^{M \times N}$ 的元素，满足 $\sum_{n=1}^{N}\sum_{m=1}^{M}W_{t,i,m,n}=1$。将读操作定义为 C_t 中不同位置特征向量按照注意力权重 $W_{t,i}$ 进行加权的和：

$$r_{t,i}=\sum_{n=1}^{N}\sum_{m=1}^{M}W_{t,i,m,n}c_{t,m,n} \tag{4.8}$$

式中：$r_{t,i} \in \mathbb{R}^S$ 为读向量，代表跟踪器 i 通过注意力机制所显式的关联输入特征。最后，以 $r_{t,i}$ 代替 C_t 作为输入特征，通过一个 RNN(参数为 θ^{rnn})，便可实现对跟踪器状态的更新：

$$h_{t,i}=\text{RNN}(h_{t-1,i},r_{t,i};\theta^{\text{rnn}}) \tag{4.9}$$

与 3.3 节中的方法类似，这里仍然将特征提取器 NN^{feat} 设置为 FCN。这样，便可通过控制 $c_{t,m,n}$ 的感受野使跟踪器也能够通过注意力访问 X_t。此外，仍然将二维图像坐标作为两个额外的通道附加到 X_t 中，从而使图像的局部区域能够包含物体的位置信息，即平移 $[t^x_{t,i},t^y_{t,i}]$。

▶ 4.3.2　将输入作为记忆

为了避免冲突的跟踪，需要让不同的跟踪器能够相互交互信息。因此，在每一时刻 t，可将输入特征 C_t 作为外部记忆，这样便可让跟踪器通过 C_t 来传递信息。在 RAT 中，将记忆初始化为 $C_t^{(0)}=C_t$，然后由跟踪器 $1,2,\cdots,I$ 依次对其进行读取和写入。这样一来，$C_t^{(i)}$ 便可记录来自之前 i 个跟踪器的所有信息。

在第 i 次迭代中（$i=1,2,\cdots,I$），跟踪器 i 首先根据式（4.5）~式（4.9）（其中 C_t 被替换为 $C_t^{(i-1)}$），利用注意力机制从记忆 $C_t^{(i-1)}$ 中读取特征并更新状态 $h_{t,i}$，然后再用 $h_{t,i}$ 来生成擦除向量 $e_{t,i}\in[0,1]^S$ 和写向量 $v_{t,i}\in\mathbb{R}^S$：

$$\{\hat{e}_{t,i},v_{t,i}\}=\text{Linear}(h_{t,i};\theta^{\text{wrt}}) \tag{4.10}$$

$$e_{t,i}=\text{sigmoid}(\hat{e}_{t,i}) \tag{4.11}$$

利用 $e_{t,i}$ 和 $v_{t,i}$，便可按照式（4.7）生成的注意力权重 $W_{t,i}$ 来对每个位置的记忆 $c_{t,m,n}^{(i-1)}$ 进行写操作：

$$c_{t,m,n}^{(i)}=(1-W_{t,i,m,n}e_{t,i})\odot c_{t,m,n}^{(i-1)}+W_{t,i,m,n}v_{t,i} \tag{4.12}$$

与 3.3 节中所描述的 MRAN 类似，式（4.5）~式（4.12）中所提出的跟踪器状态更新网络也借鉴了 NTM 的思想。由于跟踪器（控制器）之间利用接口变量 $k_{t,i}$、$\beta_{t,i}$、$r_{t,i}$、$e_{t,i}$ 和 $v_{t,i}$ 通过外部记忆 $C_t^{(i)}$ 进行交互，因此它们无需将其他跟踪器的信息编码到自身的工作记忆（即状态）$h_{t,i}$ 中，提高了跟踪效率。

▶ 4.3.3　重优先化跟踪器

虽然跟踪器已能够通外部过记忆进行交互，但高优先级（i 较小）且低置信度（$y_{t-1,i}^c$ 较小，即只有较低的概率在 $t-1$ 时刻已跟踪目标）的跟踪器通常很难正确地从记忆中关联数据，进而导致冲突的跟踪。例如，当第一个跟踪器（$i=1$）空闲时（$y_{t-1,1}^c=0$，即在上一时刻 $t-1$ 未跟踪目标），它很可能会关联到或者"窃取"一个已被后续跟踪器在 $t-1$ 时刻跟踪的物体，因为在从未被修改的初始记忆 $C_t^{(0)}$ 中，所有物体都有可能被一个空闲的跟踪器所关联。

为了避免这种情况，RAT 首先应该更新高置信度（$y_{t-1,1}^c$ 较大，即有较高的概率在 $t-1$ 时刻已跟踪目标）的跟踪器，这样便能够首先从记忆中关联并修改已被跟踪的物体特征，从而避免其他跟踪器再次跟踪该物体，即避免冲突的跟踪。因此，可将跟踪器 i 的优先级 $p_{t,i}\in\{1,2,\cdots,I\}$ 定义为其上一时刻的置信度排名（按降序排列），而不再以 i 作为优先级编号。这样，通过在第 $p_{t,i}$ 次迭代中更新跟踪器 i，便可提升数据关联的鲁棒性。

▶ 4.3.4　使用自适应计算时间

由于场景中的物体数量通常会随时间变化而变化，且在大多数时候小于所设定的跟踪器个数 I（通常需要将 I 设定得足够大）。因此，若在每一时刻都对所有的跟踪器进行迭代，将会耗费较多的计算时间，进而导致效率降低。为了提升效率，本书将自适应计算时间（adaptive computation time，ACT）[86] 的思想引入

RAT 中。由于在每一时刻 t，若满足条件 $y^c_{t-1,i} < 0.5$ 且 $y^c_{t,i} < 0.5$，则几乎不可能有更多已被跟踪的物体(由于 $y^c_{t-1,i} < 0.5$)或新出现的物体(由于 $y^c_{t,i} < 0.5$)，因此一旦满足该条件，便可在跟踪器 i 处终止该时刻内的迭代(同时也禁用本次迭代的写操作)，且不再使用后续未迭代的跟踪器来生成输出。

4.4 实　　验

本章实验的主要目的包括：①验证模型中各个模块的重要性，这些模块包括 ACT 机制、遮挡建模、注意力、记忆、跟踪器重优先化以及时序建模；②测试模型是否适用静态背景下的真实场景；③测试在静态背景下真实场景中训练的模型能否很好地泛化到动态背景下的真实场景中。

对于目的①，本书建立了两个合成数据集(MNIST-MOT 和 Sprites-MOT)，并考虑以下配置：

(1) TBA。完整的 TBA 模型，如 4.2 节和 4.3 节所述。

(2) TBAc。具有固定计算时间的 TBA 模型，通过不使用 4.3.4 节中描述的 ACT 来实现。

(3) TBAc-noOcc。没有遮挡建模的 TBAc 模型，通过设置图层数 $K=1$ 来实现。

(4) TBAc-noAtt。不使用注意力的 TBAc 模型，通过将记忆 $\boldsymbol{C}_t$ 的形状修改为 $[1,1,MNS]$ 来实现。在这种情况下，注意力权重退化为标量，即 $W_{t,i} = W_{t,i,1,1} = 1$。

(5) TBAc-noMem。不使用记忆的 TBAc 模型，通过禁用式(4.10)~式(4.12)中定义的写操作来实现。

(6) TBAc-noRep。不使用跟踪器重优先化(4.3.3 节中所述)的 TBAc 模型。

(7) AIR。本书所实现的"注意、推理、重复(attend,infer,repeat,AIR)"[115]，以用于定性评估。这是一种概率生成模型，可用从单幅图像中检测物体(通过推理)。

值得注意的是，对于在线 MOT，通常很难设计一个有监督的模型作为对比，因为用标注的数据计算监督损失，本身就是一个优化问题且需要获得完整的轨迹，因此通常是离线完成的[125]。

对于目的②，在具有挑战性的 DukeMTMC 数据集[170]上评估 TBA，并将其与目前效果最好的方法进行比较。

对于目的③，在流行的 TUD 数据集[120]上评估 TBA，并将其与目前效果最好的方法进行比较。

实验的实现详情见附录 C.1。MNIST-MOT 实验见附录 C.2。

▶ 4.4.1 Sprites-MOT 数据集

该任务旨在测试模型能否鲁棒地处理遮挡并跟踪可从场景中出现或消失的物体的姿态、形状和外貌,从而提供准确且一致的边界框。因此,本书建立了一个新的 Sprites-MOT 数据集。它包含 2M 帧,每帧的大小为 128×128×3,由黑色背景和至多 3 个可相互遮挡的移动色块组成。每个色块由 1 个 21×21×3 的图像块随机缩放而得到,具有一个随机的形状(圆形、三角形、矩形、菱形)和一种随机的颜色(红、绿、蓝、黄、品红、青),随机朝着一个方向移动,且只出现或消失一次。为解决该任务,对于所有的 TBA 配置,设定跟踪器个数 $I=4$,图层数 $K=3$。

训练曲线如图 4.4 所示。TBAc-noMem 具有最高的验证损失,表明它无法很好地重构输入帧,而其他配置表现相似且都明显具有更低的验证损失。其中,TBA 收敛速度最快,可认为这得益于 ACT 所引入的正则化效应。

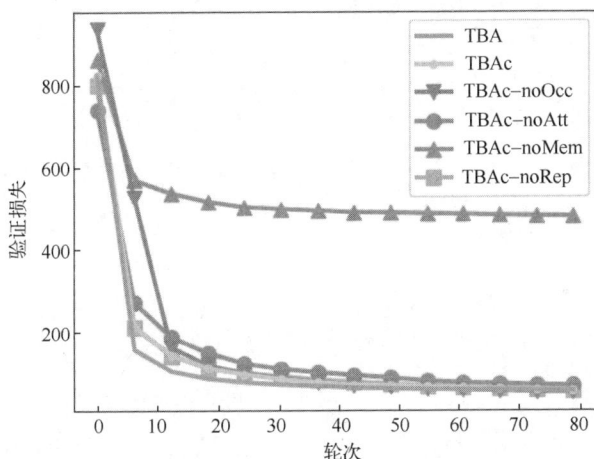

图 4.4 不同配置在 Sprites-MOT 上的训练曲线

为了检验跟踪性能,在若干采样序列上将 TBA 与的其他配置进行比较,如图 4.5 和 4.6 所示。可以看到,TBA 在所有情况下均表现良好,在序列 1 中 TBAc 也表现良好。TBAc-noOcc 无法较好地跟踪遮挡的物体(在序列 2 的第 4、第 5 帧中,跟踪器 2 丢失了红色菱形),这里认为原因是将遮挡像素的值相加到单个图层中可能导致较高的重构误差,模型便学得了在出现遮挡时抑制跟踪器的输出。在没有显式地使用注意力的情况下,TBAc-noAtt 频繁产生中断的跟踪(在序列 3 中,跟踪器频繁地改变其目标)。对于 TBAc-noMem,所有的跟踪器无法彼此交互,并竞争相同的物体,最终以低置信度跟踪了同一个目标。对于 TBAc-noRep,空闲的跟踪器错误地关联到了后续跟踪器所跟踪的物体。由于 AIR 没有考虑序列数据的时域依赖,因此它无法跨越不同的时间步来跟踪物体。

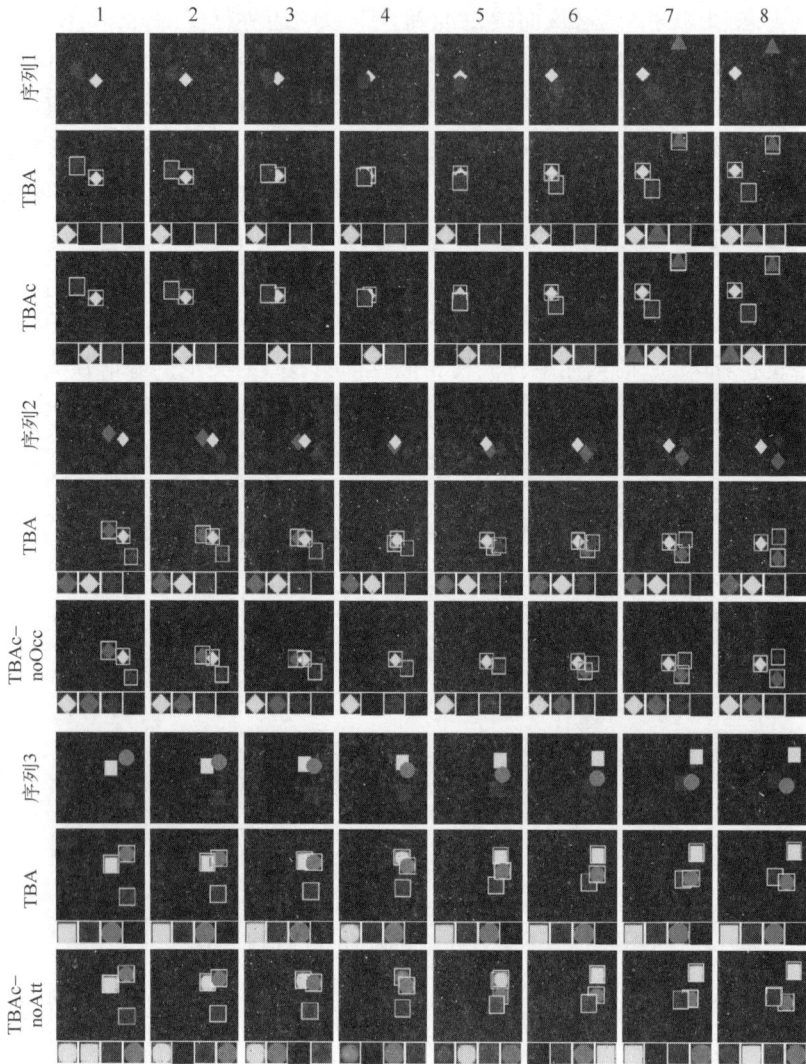

图 4.5　不同配置在 Sprites-MOT 上的定性结果(1)(见彩插)

对于每一配置,本文显示重构帧(顶部)和跟踪器输出(底部)。在每帧中,从左至右的跟踪器输出分别对应于跟踪器 1 到 I(这里 $I=4$)。每个跟踪器的输出 $y_{t,i}$ 被可视化为 $(y^c_{t,i} \boldsymbol{Y}^s_{t,i} \odot \boldsymbol{Y}^a_{t,i}) \in [0,1]^{U \times V \times D}$。

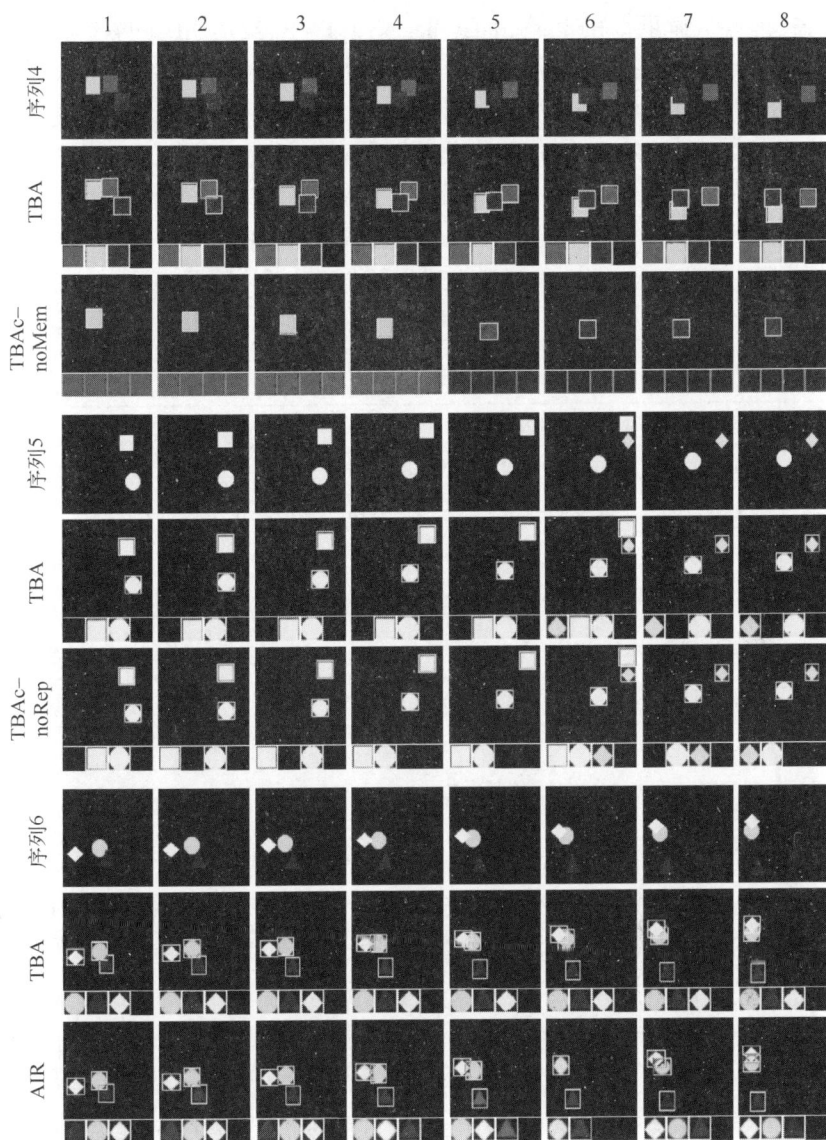

图 4.6 不同配置在 Sprites-MOT 上的定性结果(2)(见彩插)

为了对不同的配置进行定量评估,使用标准的 CLEAR MOT 指标(多目标跟踪精度、多目标跟踪准确率等)[216]来度量跟踪器作出错误决策的频率,以及使用最近提出的 ID 指标(识别 F-度量、识别准确率和识别召回率)[170]来度量跟踪器正确跟踪目标的时长。这里,只考虑置信度 $y_{t,i}^c > 0.5$ 的跟踪器输出的 $\mathcal{Y}_{t,i}$,并将其相应的姿态 $\boldsymbol{y}_{t,i}^p$ 转换为物体边界框以进行评估,其跟踪性能如表 4.1 所示。TBA 和 TBAc 均表现良好,而 TBA 的性能略优于 TBAc。对于 TBAc-noOcc,它具有明显更高的漏检(false negative,FN)(227)、ID 切换(ID switch,IDS)(64)和断裂(fragmentation,Frag)(105),这与在定性结果中的推测是一致的,即仅使用单个图层可能会抑制跟踪器输出。TBAc-noAtt 在很多指标上均表现不佳,其 IDS 高达 8425,而这很可能是由中断的跟踪所引起的。值得注意的是,TBAc-noMem 没有获得有效的输出,因为所有跟踪器的置信度均低于 0.5。在没有跟踪器重优先化的情况下,TBAc-noRep 没有 TBA 和 TBAc 鲁棒,产生了较高的虚警(232)、FN(185)和 IDS(267),可推测这些主要是由冲突的跟踪所引起的。

表 4.1 不同配置在 Sprites-MOT 上的跟踪性能对比

配　　置	IDF1↑	IDP↑	IDR↑	MOTA↑	MOTP↑	FAF↓	MT↑	ML↓	FP↓	FN↓	IDS↓	Frag↓
TBA	99.2	99.3	99.2	99.2	79.1	0.01	985	1	60	80	30	22
TBAc	99.0	99.2	98.9	99.1	78.8	0.01	981	0	72	83	36	29
TBAc-noOcc	93.3	93.9	92.7	98.5	77.9	0	969	0	48	227	64	105
TBAc-noAtt	43.2	41.4	45.1	52.6	78.6	0.19	982	0	1,862	198	8,425	89
TBAc-noMem	0	—	0	0			0	987	22,096	0	0	
TBAc-noRep	93.0	92.5	93.6	96.9	78.8	0.02	978	0	232	185	267	94

▶ 4.4.2　DukeMTMC 数据集

为了测试所提出的模型在高度复杂且包含时变的数据模式中的适用应实际应用,本书在具有挑战性的 DukeMTMC 数据集(3.4.2 节)上对完整的 TBA 进行评估。对于 TBA 配置,设定跟踪器个数 $I=10$,图层数 $K=3$。当视频中的背景为静态背景时,采用 IMBS 算法[215]来提取背景 $\hat{X}_t^{(0)}$。为便于处理,将输入帧降采样为 10fps,并将其分辨率降低为 108 像素×192 像素。由于困难测试集具有不同于训练集的数据统计特性,故只在简单测试集上评估模型。

定性结果如图 4.7 和图 4.8 所示,TBA 在各种情况下均表现良好:①频繁的物体出现和消失;②高度变化的物体数量,如 1 个行人(序列 4)或 10 个行人(序列 1 中的第 1 帧);③频繁的物体遮挡,如当行人相向而行时(序列 1);④透视尺度变化,如当行人靠近照相机时(序列 3);⑤频繁的形状或外貌变化;⑥不同物体的相似形状或外貌(序列 6)。

定量结果如表 4.2 所示。可以看到,TBA 的 IDF1 为 82.4%,MOTA 为 79.6%,MOTP 为 80.4%(最佳结果),与目前效果最好的方法 DeepCC[173](IDF1 为 89.2%,MOTA 为 87.5%,MOTP 为 77.1%)和 TAREIDMTMC[217](IDF1 为 83.8%,MOTA 为 83.3%,MOTP 为 75.5%)相比具有很强的竞争力。然而,不同

于这些方法,TBA 是第一个无需任何训练标签或提取的特征的模型。此外,由于 TBA 充分利用了参数共享机制,它在 IDF1 达到 DeepCC 的 92.38% 的情况下,参数数量(5.65M,见附表 C.1)仅为 DeepCC(参数数量为 25.60M)的 22.07%,因此降低了求解参数所需的数据量。

图 4.7　TBA 在 DukeMTMC 上的定性结果(1)

对于每一序列,本文显示输入帧(顶部)、重构帧(中部)和跟踪器输出(底部)。在每帧中,从左至右的跟踪器输出分别对应于跟踪器 1 到 I(这里 $I = 10$)。每个跟踪器的输出 $\mathcal{Y}_{t,i}$ 被可视化为

$$(y_{t,i}^{c} \boldsymbol{Y}_{t,i}^{s} \odot \boldsymbol{Y}_{t,i}^{a}) \in [0,1]^{U \times V \times D}。$$

图 4.8　TBA 在 DukeMTMC 上的定性结果(2)

表 4.2　不同方法在 DukeMTMC 上的跟踪性能对比

方　　法	IDF1↑	IDP↑	IDR↑	MOTA↑	MOTP↑	FAF↓	MT↑	ML↓	FP↓	FN↓	IDS↓	Frag↓
DeepCC[173]	89.2	91.7	86.7	87.5	77.1	0.05	1,103	29	37,280	94,399	202	753
TAREIDMTMC[217]	83.8	87.6	80.4	83.3	75.5	0.06	1,051	17	44,691	131,220	383	2,428
TBA	82.4	86.1	79.0	79.6	80.4	0.09	1,026	46	64,002	151,483	875	1,481
MYTRACKER[218]	80.3	87.3	74.4	78.3	78.4	0.05	914	72	35,580	193,253	406	1,116
MTMC_CDSC[219]	77.0	87.6	68.6	70.9	75.8	0.05	740	110	38,655	268,398	693	4,717
PT_BIPCC[220]	71.2	84.8	61.4	59.3	78.7	0.09	666	234	68,634	361,589	290	783
BIPCC[170]	70.1	83.6	60.4	59.4	78.7	0.09	665	234	68,147	361,672	300	801

4.4.3 TUD 数据集

为了测试训练后的 TBA 在新真实场景(含动态背景)下的泛化能力,这里进一步在流行的 TUD 数据集(已在 3.4.3 节中介绍,这里也采用包含动态背景的 TUD-Crossing 测试集)上评估 TBA。在该数据集上,TBA 的模型配置与 Duke-MTMC 一致。与 3.4.3 节相同,在预处理中,将输入图像的尺寸缩放为 108×144 并将其零值填充至 108×192。

对于该序列的连续 10 帧,本文显示输入帧(顶部)、重构帧①(中部)和跟踪器输出(底部)。在每帧中,从左至右的跟踪器输出分别对应于跟踪器 $1 \sim I$(这里 $I = 10$)。每个跟踪器的输出 $\mathcal{Y}_{t,i}$ 被可视化为 $(y^c_{t,i} Y^s_{t,i} \odot Y^a_{t,i}) \in [0,1]^{U \times V \times D}$。

定性结果如图 4.9 所示。TBA 在 TUD 数据集的泛化性能良好:①物体的出现(第 9 帧)和消失(第 2 帧);②高度变化的物体数量,如 4 个行人(第 8 帧)或

图 4.9 TBA 在 TUD 上的定性结果

---

① 与 DukeMTMC 不同,TUD 中包含了动态背景。由于 IMBS 算法无法提取动态背景,因此采用了输入帧 X_t 来代替重构帧中的动态背景 $\hat{X}^{(0)}_t$,以此便于可视化。

8 个行人(第 1 帧);③频繁的物体遮挡(每帧均有);④透视尺度变化,如当行人离相机较远时(第 9 帧的行人 1);⑤频繁的形状和外貌变化;⑥不同物体的相似形状和外貌(行人 7 和 8)。

定量结果如表 4.3 所示。可以看到,TBA 的 IDF1 为 76.3%,MOTA 为 75.8%,MOTP 为 74.5%,与目前效果最好的方法 AM[174](IDF1 为 81.7%,MOTA 为 68.6%,MOTP 为 74.4%)和 RAR15pub[221](IDF1 为 77.8%,MOTA 为 70.1%,MOTP 为 72.7%)相比具有很强的竞争力。然而,不同于这些方法,TBA 是第一个无需任何训练标签或提取的特征的模型。此外,由于 TBA 充分利用了参数共享机制,它在 IDF1 达到 AM 的 93.39% 的情况下,参数数量(5.65M,见附表 C.1)仅为 AM(参数数量为 34.60M)的 16.33%,因此降低了求解参数所需的数据量。

表 4.3   不同方法在 TUD 上的跟踪性能对比

方　　法	IDF1↑	MOTA↑	MOTP↑	FAF↓	MT↑	ML↓	FP↓	FN↓	IDS↓	Frag↓
AM[174]	81.7	68.6	74.4	0.12	6	2	25	315	6	22
RAR15pub[221]	77.8	70.1	72.7	0.23	6	1	46	273	11	29
TBA	76.3	75.8	74.5	0.16	11	1	32	226	9	31
HybridDAT[222]	70.4	73.3	73.6	0.21	8	2	42	244	8	34
KCF[223]	69.1	76.0	75.1	0.04	6	0	8	248	8	10
AP_HWDPL_p[224]	64.1	61.3	73.1	0.07	5	2	14	401	12	27
JointMC[225]	60.2	80.9	75.3	0.18	10	1	36	163	12	15

4.4.4 RAT 的可视化

为了更深入地理解 RAT 模型的工作原理,本书在 Sprites-MOT 上对其进行了可视化,如图 4.10 所示。在时刻 t,跟踪器 i 在第 $p_{t,i}$ 次迭代中进行更新时,首先使用其注意权重 $W_{t,i}$ 来读取记忆 $C_t^{(p_{t,i-1})}$,然后再对记忆进行写入,得到 $C_t^{(p_{t,i})}$。可以看到,与被关联物体相关的记忆内容(明亮区域)按照注意力 $W_{t,i}$ 被写操作擦除(变暗),从而防止了下一个跟踪器再次去读取它。此外,在时刻 $t+1$,跟踪器 1 被重优先化后的优先级为 $p_{t+1,1}=3$,因此它在第 3 次迭代时进行更新,且在此次迭代中没有修改记忆,而迭代也终止(由于 $y_{t,1}^c<0.5$ 且 $y_{t+1,1}^c<0.5$)。

记忆 C_t 和注意力权重 $W_{t,i}$ 均被可视化为 $M\times N$(8×8)的矩阵,其中对于 C_t 矩阵代表其通道均值 $\frac{1}{S}\sum_{s=1}^{S}C_{t,1:M,1:N,s}$(规范化到了[0,1])。

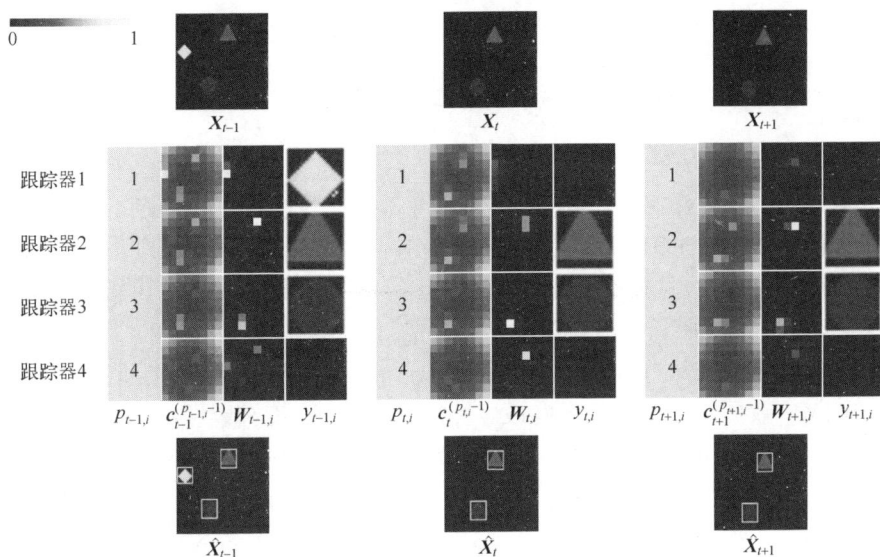

图 4.10　在 Sprites-MOT 上对 RAT 进行可视化(见彩插)

4.5　相　关　工　作

4.5.1　面向视觉数据理解的无监督学习

目前已有许多方法使用无监督学习从视觉数据中提取出可解释的表示:一些方法试图寻找低层解耦因子(文献[109-111]针对图像,文献[127-131]针对视频),一些方法试图提取中层语义(文献[112-114]针对图像,文献[132-134]针对视频),一些方法试图提取高层语义(文献[115-119]针对图像,文献[135,136]针对视频)。然而,这些方法都不针对 MOT 任务。本书所提出的方法首次实现了 MOT 的无监督端对端学习。

4.5.2　在线 MOT 中的数据关联

在 MOT 任务中,数据关联可以是离线的[137-143]或在线的[144-146],确定的[147-149]或不确定的[150-153],贪婪的[122,123,154]或全局的[155-157]。由于 RAT 主要面向在线 MOT 并使用软注意力(soft attention)来贪婪地关联数据(根据跟踪器的置信度排名),因此它是一种有概率的贪婪在线算法。然而,与这些传统方法不同,RAT 是可学习的,即跟踪器阵列可以学得生成匹配特征,更新自身状态以及修改输入特征。此外,由于 RAT 不是基于 TBD 的并且是端对端的,因此特征提取器还可以学得提供更具判别力的特征以降低数据关联的难度。

4.6 本章小结

本章在第 3 章提出的 UMOD 框架上进行了时域上的扩展,提出了 TBA 框架,该框架实现了 MOT 任务的无监督端对端学习。本章还提出了 RAT,提高了数据关联的鲁棒性,且在不同任务上验证了所提出的模型,展示了其在真实场景中应用的潜力。

实验表明,TBA 的识别 F-度量(目前最常用的跟踪性能指标)在 DukeMTMC 数据集上达到了现有最好算法 DeepCC 深度神经网络的 92.38%,在 TUD 数据集上达到了现有最好算法 AM 深度神经网络的 93.39%。相比于 DeepCC 和 AM,该模型的优势:①充分利用了参数共享机制,使参数数量仅为 DeepCC 的 22.07%,以及 AM 的 16.33%,进而降低了求解参数所需的数据量,缓解了深度学习中数据需求量大的问题;②通过最小化视频重构误差来训练其参数,因此无需人工标签,克服了深度学习中人工标签需求量大的问题;③引入了输入记忆、注意力、重优先化等机制,通过对这些机制进行可视化分析,增加其可解释性,缓解了深度学习中缺乏可解释的问题。

第5章 基于双过程理论的分层局部路径规划

5.1 引 言

局部路径规划算法旨在根据上层任务和感知结果,输出一条预定的车辆行驶路径。作为自主驾驶的核心部分,其在国内外已被大量研究。然而,由于目前的大多数局部路径规划算法只适用于特定复杂度的场景和特定类型的任务,因此它们很难泛化到各种情形中。本书提出了一种基于双过程理论(dual process theory)[226-227]的分层局部路径规划算法。该算法由多个路径规划层构成,并能够根据环境的复杂度自动选择合适的规划层。在此基础上,进一步提出了面向任务的规划层调度机制以提高算法的灵活性,从而使其能够适用于城市道路、乡村道路和越野道路等多种任务下的局部路径规划。通过实车实验,不但展现本章所提出算法的有效性,而且也为后续研究面向局部路径规划的神经架构提供基础。

5.2 方 法

▶ 5.2.1 分层局部路径规划

双过程理论[226-227]属于认知心理学的范畴,最早在1975年由Jonathan Evans提出,后在2003年由Daniel Kahneman完善。该理论认为,人类的推理行为包含两种思考过程:系统1是一种快速的、无意识的和自动的思考模式,又被称为直觉或启发式过程;系统2是一种慢速的、有意识的、显式的和基于规则的思考模式,是人类通过进化而获得的一种特有过程。

当人类驾驶员进行局部路径规划时,通常也包含两种过程:当面临简单的驾驶任务(如路面平坦且周围车辆较少的高速道路)时,驾驶员通常无需过多思考便能快速地作出决策和行动(对应轨迹生成的路径规划算法),类似系统1;当面临复杂的驾驶任务(如地形起伏较大且地貌复杂的越野道路)时,驾驶员通常需要经过一定时间的分析和思考才能发现较好的路径(对应于图搜索的路径规划算法),类似系统 2。

因此,本书充分结合路径规划中的轨迹生成法和图搜索法,提出了一种分层局部路径规划算法,每个规划周期的总体流程图如图 5.1 所示。本书将局部路径规划分为五层:目标路径层、生成路径层、搜索路径层、漫游路径层和输出路径层。分层局部路径规划算法以导引路径和感知结果作为输入,其中导引路径(用于引导车辆行驶)可以为任务路点、车道线,或前方车辆的行驶轨迹,而感知结果(用于描述局部环境)包括车体状态、栅格地图(grid-based map)和实体地图(entity-based map)。在每个规划周期内,该算法的执行过程如下:

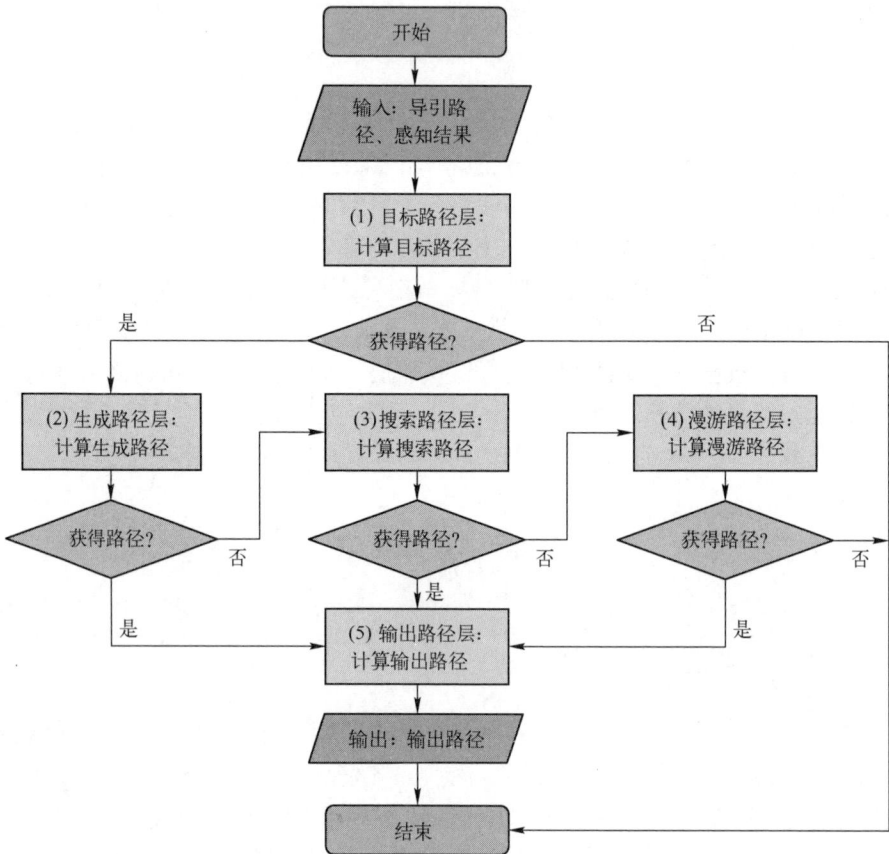

图 5.1 分层局部路径规划算法每个规划周期的总体流程图

(1)目标路径层。以导引路径作为输入,尝试计算目标路径,若成功获得路径,则转入(2),否则结束当前规划周期;

(2)生成路径层。输入目标路径及感知结果,之后尝试计算生成路径,若成功获得路径,则转入(5),否则转入(3);

（3）搜索路径层。输入目标路径及感知结果，之后尝试计算搜索路径，若成功获得路径，则转入(5)，否则转入 (4)；

（4）漫游路径层。输入目标路径及感知结果，之后尝试计算漫游路径，若成功获得路径，则转入(5)，否则结束当前规划周期；

（5）输出路径层。输入(2)、(3)或(4)获得的路径以及感知结果，计算输出路径，然后结束当前规划周期。

1. 感知结果的表示

感知结果包括车体状态、栅格地图和实体地图。车体状态即车体自身的位置、姿态、速度和加速度。栅格地图以矩阵的形式表示环境，其中每一矩阵元素的坐标代表车体坐标系下的一个位置，而该矩阵元素中的数据代表占据该位置的物体属性（如行人、车辆、地面等类别属性）。实体地图以结构体列表的形式表示环境，其中每一个结构体代表一个物体，而该结构体中的数据代表该物体的属性（如行人、车辆、地面等类别属性，三角形、矩形、椭圆等形状属性，大小属性，位置属性和速度属性）。

栅格地图可用于查询环境中不同位置的属性，因此适用于描述非结构化环境（包含较多形状不规则物体，如树木、草坪和水滩），而实体地图可用于查询环境中不同物体的属性，因此适用于描述结构化环境（包含较多形状规则物体，如车辆、马路和车道线）。两者的等价（均用于描述局部环境）且可相互转换。

2. 目标路径层

目标路径来源于上层任务或感知结果中的导引路径，它与车体状态及周围环境无关，其计算流程图如图 5.2 所示。

（1）提取局部范围内的导引路径点。该层以导引路径作为输入，尝试提取车体周围局部范围内（前方 120m，后方 40m，左右各 25m）的导引路径点。若未提取到路径点，则该层输出失败。

（2）对路径点进行均匀化和平滑。若成功提取导引路径点，则可通过 B 样条插值对这些路径点进行均匀化和平滑处理，以获得间距为 1m 的若干路径点，从而形成目标路径 $\boldsymbol{P}^{\text{target}} = [\boldsymbol{p}_1^{\text{target}}, \cdots, \boldsymbol{p}_I^{\text{target}}] \in \mathbb{R}^{I \times 2}$，其中 I 为路径点的个数。对于 $\boldsymbol{P}^{\text{target}}$ 中第 i 个路径点 $\boldsymbol{p}_i^{\text{target}}$，将其表示为该点在车体坐标系中的坐标，即 $\boldsymbol{p}_i^{\text{target}} = [x_i^{\text{target}}, y_i^{\text{target}}]$，而该点的方向 $\theta_i^{\text{target}} \in [0, 2\pi)$ 则为其在 $\boldsymbol{P}^{\text{target}}$ 上的前向切向量方向（即车辆经过该点时的车头朝向）[①]。其中，车体坐标系的定义如下：

定义 1（车体坐标系）　在车体坐标系中，原点为车体后轮轴的中点，x 轴指向车体右侧，对应弧度为 0；y 轴指向车头前方，对应弧度为 $\pi/2$，方向的弧度范

---

　　① 在后文中，所有的路径、路径点以及路径点的方向将均按此方式定义，且在默认情况下，相邻路径点间的间距均设置为 1m。

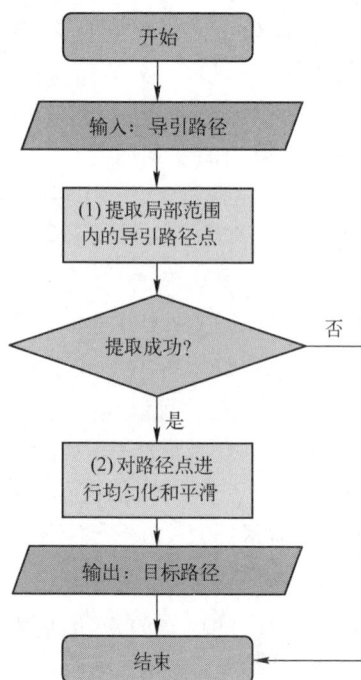

图 5.2 目标路径的计算流程图

围为 $[0,2\pi)$，并按逆时针方向增加。

该层的主要作用是对导引路径进行预处理，以供后续其他规划层使用。

3. 生成路径层

生成路径是以目标路径作为参考，结合车体自身状态及周围环境，利用曲线生成的方法快速获得的一条从车体状态平稳地接近目标路径的中长距离（大于 12m）行驶路径[①]，其计算流程图如图 5.3 所示。

（1）生成采样点。该层输入目标路径和感知结果，在距离目标路径 4m 以内的可通行区域中，进行间距为 0.5m 的网格采样，获得 K 个采样点 p_1^{sample}，…，p_K^{sample}，其中每个采样点 $p_k^{\text{sample}} = [x_k^{\text{sample}}, y_k^{\text{sample}}]$ 的方向为其在目标路径 P^{target} 上的投影点 $p_{i'}^{\text{target}}$ 的方向 $\theta_{i'}^{\text{target}}$。这里，投影点的定义如下：

定义 2（投影点） 对于任意一点 p^a 和任意路径 $P = [p_1, \cdots, p_I]$，令 $\overrightarrow{p^a p_i}$ 为从 p^a 到 P 上某一点 p_i 的向量。若 $\overrightarrow{p^a p_i}$ 垂直于 p_i 在 P 上的切线，则 p_i 为 p^a 在 P 上的投影点。

（2）生成候选路径。可利用曲线生成的方法获得从车体当前状态平滑地过

---

① 本书规定长度大于 12m 的路径为中长距离行驶路径，而长度在 12m 以内的路径则为短距离行驶路径。

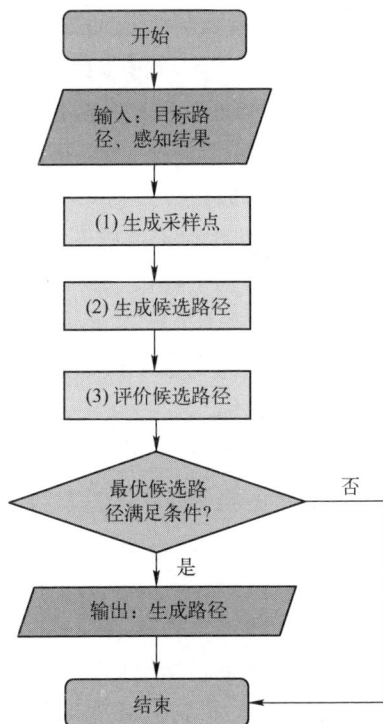

图 5.3　生成路径的计算流程图

渡到每个采样点 $\boldsymbol{p}_k^{\text{sample}}$ 的候选路径。这里,采用双圆弧混合的方法来生成曲线,其中,两条圆弧路径 $\boldsymbol{P}_k^{\text{arc1}}=\left[\boldsymbol{p}_{k,1}^{\text{arc1}},\cdots,\boldsymbol{p}_{k,I_k}^{\text{arc1}}\right]$ 和 $\boldsymbol{P}_k^{\text{arc2}}=\left[\boldsymbol{p}_{k,I}^{\text{arc2}},\cdots,\boldsymbol{p}_{k,I_k}^{\text{arc2}}\right]$ 均包含 I_k 个路径点,且以车体坐标系的原点为起点即 $\boldsymbol{p}_{k,1}^{\text{arc1}}=\boldsymbol{p}_{k,1}^{\text{arc2}}=\left[0,0\right]$,以采样点为终点,即 $\boldsymbol{p}_{k,I_k}^{\text{arc1}}=\boldsymbol{p}_{k,I_k}^{\text{arc2}}=\boldsymbol{p}_k^{\text{sample}}$。不同的是,路径 $\boldsymbol{P}_k^{\text{arc1}}$ 起点的方向与车头朝向一致(即 $\theta_{k,1}^{\text{arc1}}=\pi/2$),而路径 $\boldsymbol{P}_k^{\text{arc2}}$ 终点的方向与采样点的方向一致(即 $\theta_{k,I_k}^{\text{arc2}}=\theta_k^{\text{sample}}$)[①]。为了获得一条平滑过渡的候选路径 $\boldsymbol{P}_k^{\text{cand}}=\left[\boldsymbol{p}_{k,1}^{\text{cand}},\cdots,\boldsymbol{p}_{k,I_k}^{\text{cand}}\right]$,本书提出了一种新的路径点混合方法,即

$$\boldsymbol{p}_{k,i}^{\text{cand}}=(1-\alpha_{k,i})\cdot\boldsymbol{p}_{k,i}^{\text{arc1}}+\alpha_{k,i}\cdot\boldsymbol{p}_{k,i}^{\text{arc2}} \tag{5.1}$$

式中:$\alpha_{k,i}\in\left[0,1\right]$ 为路径点的混合系数。通过下式确定:

$$\alpha_{k,i}=\frac{1-\cos\left(\dfrac{i-1}{I_k-1}\pi\right)}{2} \tag{5.2}$$

由式(5.2)可知,当 i 较小时,$\alpha_{k,i}$ 接近 0,$\boldsymbol{p}_{k,i}^{\text{cand}}$ 接近 $\boldsymbol{p}_{k,i}^{\text{arc1}}$,即路径 $\boldsymbol{P}_k^{\text{cand}}$ 在起始阶段

---

① 对于连接任意两点的圆弧,若已知其中某一点在该圆弧上的切线方向,则该圆弧唯一确定。

与 $\boldsymbol{P}_k^{\text{arc1}}$ 较为相似。随着 i 增加，$\alpha_{k,i}$ 也逐渐增加，而当 i 接近 I_k 时，$\alpha_{k,i}$ 接近 1，$\boldsymbol{p}_{k,i}^{\text{cand}}$ 接近 $\boldsymbol{p}_{k,i}^{\text{arc2}}$，即路径 $\boldsymbol{P}_k^{\text{cand}}$ 在终止阶段与 $\boldsymbol{P}_k^{\text{arc2}}$ 较为相似。这样便实现了从车体当前状态向采样点 $\boldsymbol{p}_k^{\text{sample}}$ 的平滑过渡。此外，由于生成 $\boldsymbol{P}_k^{\text{cand}}$ 时并未考虑周围的环境（如障碍等），因此还需去除其中不可达的路径点，即仅保留第一个发生碰撞的路径点之前的路径点，从而对其进行修正。

（3）评价候选路径。最后，还需对每一条候选路径 $\boldsymbol{P}_k^{\text{cand}}$ 进行评价，并计算其得分 q_k，从而将得分最高的路径作为最优候选路径。为计算得分 q_k，提出了六项不同的评价指标，具体如下：

① 有效性（effectiveness）。该指标反映了候选路径在目标路径上的投影长度，长度越长，其有效性就越好。为计算该指标，首先得到 $\boldsymbol{P}_k^{\text{cand}}$ 的最后一个路径点 $\boldsymbol{p}_{k,I_k}^{\text{cand}}$ 在 $\boldsymbol{P}^{\text{target}}$ 上的投影点 $\boldsymbol{p}_{i'}^{\text{target}}$。由于路径点间距为 1m，因此可将 i' 近似地作为该投影点处的路径长度，即 $\boldsymbol{p}_{k,i}^{\text{cand}}$ 的投影长度。这样，便可将有效性定义如下：

$$q_k^{\text{eff}} = \sum_{i=1}^{i'} (\alpha^{\text{eff}})^{i-1} \tag{5.3}$$

式中：$\alpha^{\text{eff}} \in (0,1)$ 为有效性的增量随投影长度增加时的衰减系数，用于减轻较远的路径点对有效性指标的贡献[①]，从而提高该评价指标的鲁棒性。

② 安全性（safety）。该指标反映了候选路径离周围障碍物的远近程度，路径离障碍物越远，其安全性就越高。令 $d_{k,i}$ 为候选路径点 $\boldsymbol{p}_{k,i}^{\text{cand}}$ 到障碍的最近距离。由于随着 i 的增大，相同大小的 $d_{k,i}$ 所对应的安全性也会增加（因有足够的时间重新规划路径），因此可通过增大 $d_{k,i}$ 的值来间接地校正其安全性。对 $d_{k,i}$ 进行校正后的距离为

$$d_{k,i}^{\text{rec}} = (\alpha^{\text{safe}})^i \cdot d_{k,i} \tag{5.4}$$

式中：$d_{k,i}^{\text{rec}}$ 为校正距离；$\alpha^{\text{safe}} > 1$ 为 $d_{k,i}^{\text{rec}}$ 随路径长度增加时的膨胀系数，用以间接地校正每一路径点的安全性。如令 $d_k^{\min} = \min(d_{k,1}^{\text{rec}}, \cdots, d_{k,I_k}^{\text{rec}})$ 为 $\boldsymbol{P}_k^{\text{cand}}$ 中所有点的最小校正距离，则可将安全性定义为

$$q_k^{\text{safe}} = \min\left(\sqrt[3]{\frac{d_k^{\min}}{\gamma^{\text{safe}}}}, 1\right) \tag{5.5}$$

式中：$\gamma^{\text{safe}} > 0$ 为安全距离阈值。由式（5.5）可知，当 $0 \leqslant d_k^{\min} < \gamma^{\text{safe}}$ 时，q_k^{safe} 会随着 $d_k^{\min}$ 的减小而急剧降低，而当 $d_k^{\min} > \gamma^{\text{safe}}$ 时，q_k^{safe} 将恒定为 1（代表足够安全）。

③ 平滑性（smoothness）。该指标反映了候选路径自身的平滑程度，路径越平滑，其平滑性就越好。令 $\theta_{k,1}^{\text{cand}}$ 和 $\theta_{k,I_k}^{\text{cand}}$ 分别为 $\boldsymbol{P}_k^{\text{cand}}$ 的起点 $\boldsymbol{p}_{k,1}^{\text{cand}}$ 和终点 $\boldsymbol{p}_{k,I_k}^{\text{cand}}$ 的方

---

① 较远路径点的通常可靠性较低，且几乎不会对当前的控制结果产生影响，因此应减轻其对相应评价指标的贡献。

向,θ_k^{dir} 为向量 $\boldsymbol{p}_{k,1}^{\text{cand}}\boldsymbol{p}_{k,I_k}^{\text{cand}}$ 的方向,t_k^{pred} 为车辆按照其当前速度在 $\boldsymbol{P}_k^{\text{cand}}$ 上行驶所需的耗时,则可将平滑性定义为

$$q_k^{\text{smooth}} = \frac{\mid \theta_k^{\text{dir}} - \theta_{k,1}^{\text{cand}} \mid + \mid \theta_{k,I_k}^{\text{cand}} - \theta_k^{\text{dir}} \mid}{t_k^{\text{pred}}} \tag{5.6}$$

其中,$\mid \theta_k^{\text{dir}} - \theta_{k,1}^{\text{cand}} \mid + \mid \theta_{k,I_k}^{\text{cand}} - \theta_k^{\text{dir}} \mid$ 大致代表了车辆在 $\boldsymbol{P}_k^{\text{cand}}$ 上行驶过程中各次转向弧度的绝对值的累计值,因此,q_k^{smooth} 代表了预估的车辆平均角速率的负值,意味着车辆转向越大(导致绝对值大)或越频繁(导致累计值大),平滑性就越低。

④ 稳定性(stability)。该指标反映了当前候选路径与上一时刻输出路径的吻合程度,吻合度越高,其稳定性就越好。令 $\boldsymbol{P}^{\text{prev}}$ 为上一时刻的输出路径(已转换到当前时刻的车体坐标系下),则可用 $\boldsymbol{P}^{\text{cand}}$ 与 $\boldsymbol{P}^{\text{prev}}$ 的相似度来度量稳定性:

$$q_k^{\text{stable}} = -\frac{1}{I_k} \sum_{i=1}^{I_k} \left\{ (\alpha^{\text{stable}})^{i-1} \cdot \text{dist}(\boldsymbol{p}_{k,i}^{\text{cand}}, \boldsymbol{P}^{\text{prev}}) \right\} \tag{5.7}$$

式中:$\text{dist}(\boldsymbol{p}_{k,i}^{\text{cand}}, \boldsymbol{P}_i^{\text{prev}}$ 为候选路径点 $\boldsymbol{p}_{k,i}^{\text{cand}}$ 到路径 $\boldsymbol{P}^{\text{prev}}$ 的最近距离;$\alpha^{\text{stable}} \in (0,1)$ 为该距离随候选路径长度增加时的衰减系数,用于减轻较远的路径点对稳定性指标的贡献,提高该评价指标的鲁棒性。通过计算 $\boldsymbol{P}_k^{\text{cand}}$ 上各点到 $\boldsymbol{P}^{\text{prev}}$ 的距离的加权平均值,便可度量 $\boldsymbol{P}_k^{\text{cand}}$ 与 $\boldsymbol{P}^{\text{prev}}$ 的差异,而该差异的相反数则代表了二者的相似度。

⑤ 准确性(accuracy)。该指标反映了候选路径与目标路径的吻合程度,吻合度越高,其准确性就越高。因此,可用 $\boldsymbol{P}_k^{\text{cand}}$ 与 $\boldsymbol{P}^{\text{target}}$ 的相似度来衡量准确性:

$$q_k^{\text{acc}} = -\frac{1}{I_k} \sum_{i=1}^{I_k} \left\{ (\alpha^{\text{acc}})^{i-1} \cdot \text{dist}(\boldsymbol{p}_{k,i}^{\text{cand}}, \boldsymbol{P}^{\text{target}}) \right\} \tag{5.8}$$

式中:$\alpha^{\text{acc}} \in (0,1)$ 为衰减系数。

⑥ 快速性(rapidity)。该指标反映了候选路径从起点到达目标点的耗时,耗时越少,快速性就越好。因此,同式(5.6),如令 t_k^{pred} 为车辆按照其当前速度在 $\boldsymbol{P}_k^{\text{cand}}$ 上行驶所需的时间,则可将快速性定义为

$$q_k^{\text{rapid}} = -t_k^{\text{pred}} \tag{5.9}$$

通过对上述 6 项评价指标进行加权求和,则可得到候选路径 $\boldsymbol{P}_k^{\text{cand}}$ 的得分:

$$\begin{aligned} q_k = \lambda^{\text{eff}} \cdot q_k^{\text{eff}} + \lambda^{\text{safe}} \cdot q_k^{\text{safe}} + \lambda^{\text{smooth}} \cdot q_k^{\text{smooth}} + \\ \lambda^{\text{stable}} \cdot q_k^{\text{stable}} + \lambda^{\text{acc}} \cdot q_k^{\text{acc}} + \lambda^{\text{rapid}} \cdot q_k^{\text{rapid}} \end{aligned} \tag{5.10}$$

式中:λ^{eff}、λ^{safe}、λ^{smooth}、λ^{stable}、λ^{acc}、λ^{rapid} 分别为各项评价指标的权重系数,且均大于 0。

根据每一候选路径的得分,便可获得最优候选路径 $\boldsymbol{P}_{k^*}^{\text{cand}}$,其中

$$k^* = \arg \max_k q_k \tag{5.11}$$

由于本书规定生成路径的长度应大于 12m,因此,若 $\boldsymbol{P}_{k*}^{cand}$ 满足该条件,则将其作为该层所输出的生成路径,否则该层输出失败。

生成路径的优点是获取快速且路径平顺,而缺点是当环境复杂时其获取成功率较低。图 5.4(a) 对生成路径层进行了可视化。

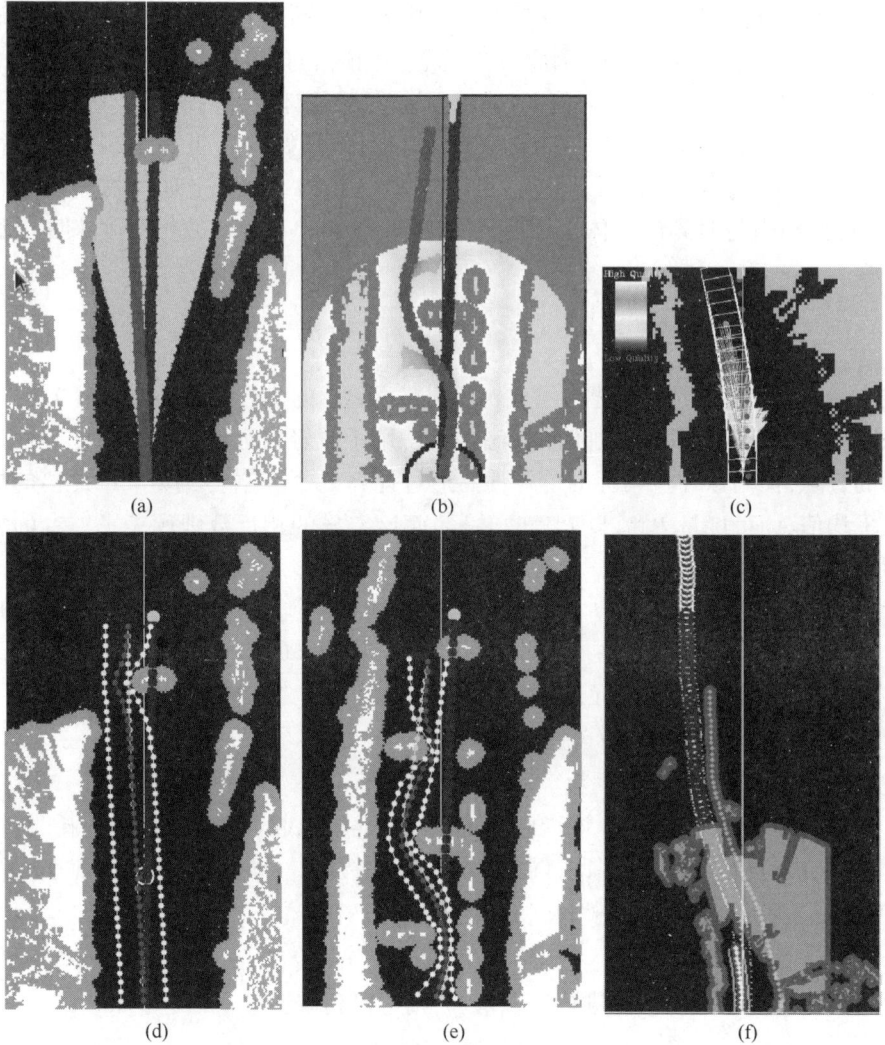

图 5.4 不同规划层的可视化(见彩插)

(a) 生成路径层;(b) 搜索路径层;(c) 漫游路径层;(d) 对应于(a) 的输出路径层;
(e) 对应于(b) 的输出路径层;(f) 对应于(c) 的输出路径层。

4. 搜索路径层

搜索路径是以目标路径作为参考,结合车体状态及周围环境,利用图搜索的方法获得的一条平稳地到达目标路径的中长距离(大于 12m)行驶路径,其计算流程图如图 5.5 所示。

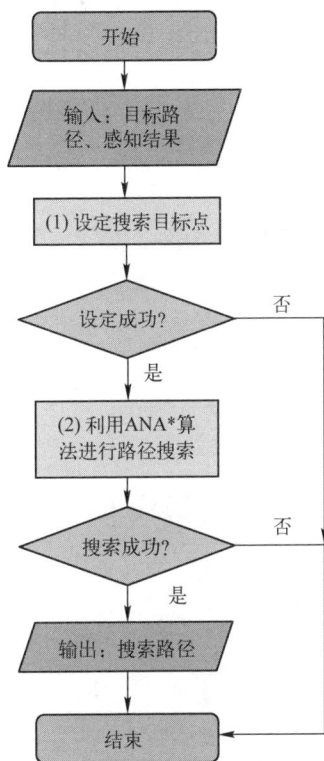

图 5.5　搜索路径的计算流程图

(1) 设定搜索目标点。该层输入目标路径和感知结果,首先在目标路径 $\boldsymbol{P}^{\text{target}}$ 上反向寻找(令 $i=I,\cdots,1$)第一个位于车体前方 40m、后方 10m、左右各 25m 范围内的路径点。若发现该点,则将其记为 $\boldsymbol{p}_{i'}^{\text{target}}$,并记录其方向 $\theta_{i'}^{\text{target}}$;否则,将返回设定搜索目标失败,继而返回该层输出失败。其次,便可在与车体坐标系原点的连通的非障碍区域内寻找一个离 $\boldsymbol{p}_{i'}^{\text{target}}$ 最近的点 $\boldsymbol{p}^{\text{goal}}$,并将其设定为搜索目标点,其方向 $\theta^{\text{goal}}=\theta_{i'}^{\text{target}}$。

(2) 利用 ANA* 算法进行路径搜索。该规划层利用 ANA $*^{[228]}$(anytime nonpara-metric A*)搜索算法来获得一条从车体当前状态(坐标为 [0,0],方向为 $\pi/2$)平稳过渡到目标点(坐标为 $\boldsymbol{p}^{\text{goal}}$,方向为 θ^{goal})的路径。相比于传统的 A* 算法[229],ANA* 能够自适应地在规定的时间内获得最优路径,从而满足实时性要求。若搜索成功,则将其作为搜索路径,否则该层输出失败。

搜索路径的优点是当环境复杂时其获取成功率较高,缺点是耗时较多。

图 5.4(b)对搜索路径层进行了可视化。

5. 漫游路径层

漫游路径是以目标路径作为参考,结合车体状态及周围环境,利用圆弧生成的方法快速获得的一条从车体状态接近目标路径的短距离(12m 以内)行驶路径,其计算流程图如图 5.6 所示。

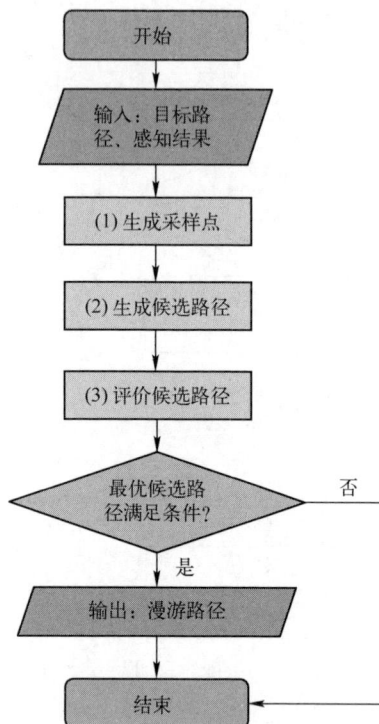

```
                    开始
                     │
              输入:目标路
              径、感知结果
                     │
              (1) 生成采样点
                     │
              (2) 生成候选路径
                     │
              (3) 评价候选路径
                     │
               最优候选路     否
               径满足条件?  ──────┐
                     │是          │
              输出:漫游路径      │
                     │           │
                    结束  ◄───────┘
```

图 5.6　漫游路径的计算流程图

(1) 生成采样点。该层输入目标路径和感知结果,在车体前方半圆(以车体坐标系原点为圆心,半径为 12m)的圆弧上进行弧长间距为 0.2m 的采样,获得 K 个采样点 $\boldsymbol{p}_1^{\text{sample}}, \cdots, \boldsymbol{p}_K^{\text{sample}}$。

(2) 生成候选路径。可利用圆弧生成的方法获得从车体当前状态平滑地过渡到每个采样点 $\boldsymbol{p}_k^{\text{sample}}$ 的候选路径。这里,候选路径 $\boldsymbol{P}_k^{\text{cand}} = \left[\boldsymbol{p}_{k,1}^{\text{cand}}, \cdots, \boldsymbol{p}_{k,I_k}^{\text{cand}}\right]$ 为一圆弧,其以车体坐标系的原点为起点($\boldsymbol{p}_{k,1}^{\text{cand}} = [0,0]$),以采样点为终点($\boldsymbol{p}_{k,1}^{\text{cand}} = \boldsymbol{p}_k^{\text{sample}}$),而起点的方向与车头朝向一致($\theta_{k,1}^{\text{cand}} = \pi/2$)。为使后续的评价更为公平,将对每条候选路径进行截断,使所有候选路径的长度相等(均为 12m,等同于采样半径)。此外,由于生成 $\boldsymbol{P}_k^{\text{cand}}$ 时并未考虑周围的环境(如障碍等),因此还需去除其中不可达的路径点(即仅保留第一个发生碰撞的路径点之前的路径点),

从而对其进行修正。

（3）评价候选路径。需对每一条候选路径 P_k^{cana} 进行评价，并计算其得分 q_k，从而将得分最高的路径作为最优候选路径。其中，q_k 的计算方式与 5.2.1 节中生成路径得分的计算方式相同，见式（5.3）～式（5.10）。

根据每一候选路径的得分，便可获得最优候选路径 $P_{k^*}^{cand}$，其中 $k^* = \arg \max_k q_k$。若 $P_{k^*}^{cand}$ 满足条件 $I_k > 0$（即路径点数大于 0），则将其作为该层所输出的漫游路径，否则该层输出失败。

漫游路径的优点是获取快速且成功率高（这便使车辆能够通过对环境的探索来获取更准确的感知结果），缺点是当环境复杂时可能得到局部最优路径（由于每次规划的路程较短）。图 5.4（c）对漫游路径层进行了可视化。

6. 输出路径层

输出路径是以生成路径、搜索路径，或漫游路径作为参考，结合车体状态及周围环境，获得的一条具有边界且被赋予速度的带状行驶路径。该路径能够直接输入后续控制算法（如文献［230］），其计算流程图如图 5.7 所示。

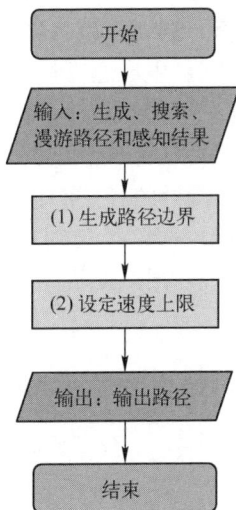

图 5.7　输出路径的计算流程图

（1）生成路径边界。该层输入生成、搜索、漫游路径和感知结果，生成间距至多为 4m 的左右路边，并要求路边之间为可行驶区域。由于不同路径点附近的障碍分布不同，因此不同路径点处的路边间距也会不同。例如，若某一路径点左侧 1m 处和右侧 2m 处均有障碍，则该点处的路边间距将在 3m 以内。因此，每一路径点处的路边间距代表了该处所允许的控制结果的阈（间距越大，所容许的控制误差就越大）。

具体地,令 $P=[p_1,\cdots,p_I]$ 为该规划层的输入路径,对于其每一路径点 p_i(方向为 θ_i),首先从该点出发,沿方向 $\theta_i+\pi/2$(左侧)来搜索障碍,若在 2m 以内发现障碍,则将该处的坐标作为 p_i 的左路边点 p_i^{left},否则则将 2m 处的坐标作为 p_i^{left}。同理,从 p_i 沿方向 $\theta_i-\pi/2$(右侧)进行搜索,则可获得相应的右路边点 p_i^{right}。通过该方法,便可获得 P 的左路边 $P^{left}=[p_1^{left},\cdots,p_I^{left}]$ 和右路边 $P^{right}=[p_1^{right},\cdots,p_I^{right}]$。

(2)设定速度上限。根据上层任务的需求,设定路径 P 的速度上限,并将 $\{P,P^{left},P^{right}\}$ 作为该层所输出的输出路径。

该层的主要作用是对上层所输出的路径进行后处理,以供后续的控制算法(如文献[230])使用。图 5.4(d)~(f)对输出路径层进行了可视化。

5.2.2 面向任务的规划层调度

自主驾驶可能面临多种场景(如城市道路、高速道路、乡村道路和越野道路),由于不同的任务对车辆的驾驶的行为具有不同的要求,上述的分层局部路径规划算法并不适用于所有任务。例如在结构化场景下的城市或高速道路驾驶任务中,通常要求车辆的轨迹平顺且生成速度快,以及车辆不能随意绕行且在必要时进行减速或停车,在此种情况下,无需调用搜索路径层以及漫游路径层。又如在非结构化场景下的半自主遥控任务中,在操控员提供单个近距离导引点的情况下,可以只调用目标路径层、漫游路径层和输出路径层以便能灵活快速地跟踪导引点。为了进一步提高分层局部路径规划算法的灵活性,使其适用于不同的任务,本书引入了面向任务的规划层调度机制,如图 5.8 所示。

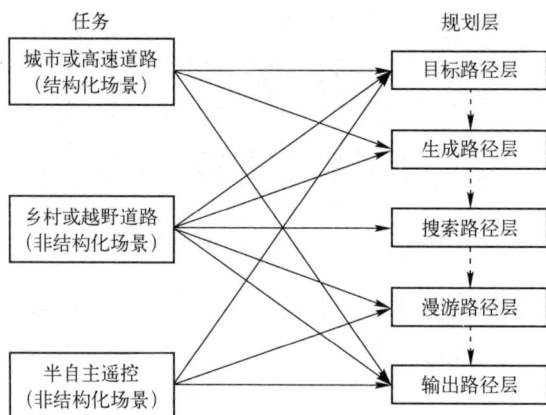

图 5.8 面向任务的规划层调度机制

5.3　实　　验

为了验证本章所提出的局部路径规划算法的实用性,本书对相关算法在结构化和非结构化场景的任务下分别进行了实车测试。在测试中,首先,将第 2 章提出的动态场景预测算法用于预处理车载摄像头所采集的原始图像序列,以弥补系统时延;其次,将第 3、第 4 章提出的检测及跟踪算法用于提取图像序列中的动态物体,融合到场景感知的结果中;最后,将本章提出的局部路径规划算法用于生成具有边界且被赋予速度的带状行驶路径,以供后续的控制算法使用。

为了进行实验,需要对算法中的各项参数进行设定。对于本算法,主要的参数为生成路径层和漫游路径层中候选路径各项评价指标的系数(见表 5.1 和式 (5.3)~式(5.10))。根据经验对这些参数进行了人工设定,见表 5.1。

表5.1　分层局部路径规划算法的参数配置

评价指标	参　　数	生成路径层	漫游路径层
有效性 q^{eff}	衰减系数 α^{eff} 权重系数 λ^{eff}	0.97 0.50	0.99 2.00
安全性 q^{safe}	膨胀系数 α^{safe} 阈值系数 γ^{safe} 权重系数 λ^{safe}	1.01 2.00 13.00	1.01 2.00 5.00
平滑性 q^{smooth}	权重系数 λ^{smooth}	0.50	0.01
稳定性 q^{stable}	衰减系数 α^{stable} 权重系数 λ^{stable}	0.98 0.20	0.99 0.01
准确性 q^{acc}	衰减系数 α^{acc} 权重系数 λ^{acc}	0.98 1.50	0.99 5.00
快速性 q^{rapid}	权重系数 λ^{rapid}	0.04	0.01

5.3.1　结构化场景任务下的分层局部路径规划

在该实验中,选取城市道路自主驾驶作为结构化场景下的任务。该城市道路位于长沙市麓谷工业园区,包括车道线、交通标志、红绿灯、道路、行人、车辆和路边物体等环境要素,且路边内地面平整。该任务涉及到对多种复杂交通标志的识别,对复杂交通规则的遵守,以及对行人及车辆的避让及跟随。

5.3.1.1　定性结果

城市道路任务下生成路径层的调用如图 5.9 所示。图 5.9(a)为分层局部路径规划主界面。其中,左侧的"time used: 62"表示当前规划周期耗时 62ms;中侧显示了车体坐标系下局部范围(前方 120m,后方 40m,左右各 25m)内的感知结果。

代表输出路径的规划速度为 31.9km/h,"Speed_M: 31.4km/h"代表车辆的实测速度为 31.4km/h。图 5.9(b)为生成路径层子界面。

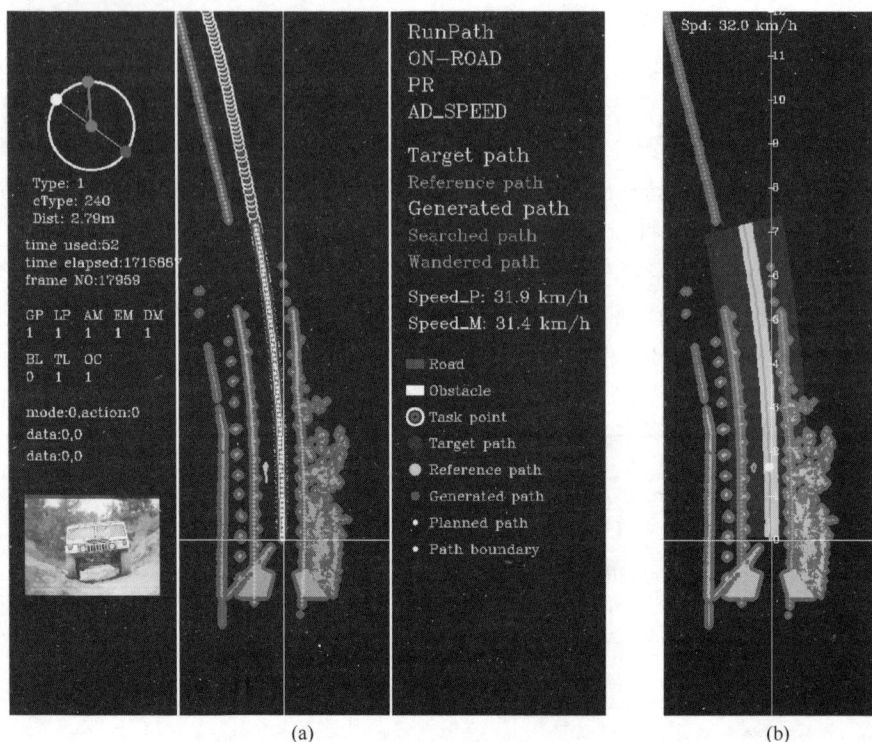

图 5.9　城市道路任务下生成路径层的调用(见彩插)
(a) 分层局部路径规划主界面;(b) 生成路径层子界面。

由图 5.9 可知,此刻车辆左前方有动态物体迎面而来,在结构化场景的城市道路任务下,分层局部路径规划算法能够通过对目标路径层、生成路径层和输出路径层的有效调度,快速地获得平顺的输出路径及较高的规划速度,并使车辆顺利地避开静态障碍和动态物体。

5.3.1.2　定量结果

城市道路任务下分层局部路径规划的性能指标测试曲线及统计结果分别如表 5.2 及图 5.10 所示。其中,若算法在某次规划中无法获得输出路径或自主驾驶被人工干预,则认为该次规划失败,否则认为该次规划成功。由测试结果可知,由于地形简单且感知结果稳定,车辆在城市道路上的行驶速度快(平均时速为 26.22km/h)且稳定,规划时间短(平均规划时间为 95.33ms)也很稳定,并且规划成功率高达 100.00%。

表 5.2　城市道路任务下分层局部路径规划的性能指标测试统计结果

性能指标	数值
路程长度/km	2.54
最高时速/(km/h)	32.58
平均时速(km/h)	26.22
总规划时间/min	5.81
平均规划时间/ms	95.33
总规划次数	3658
成功规划次数	3658
规划成功率/%	100.00

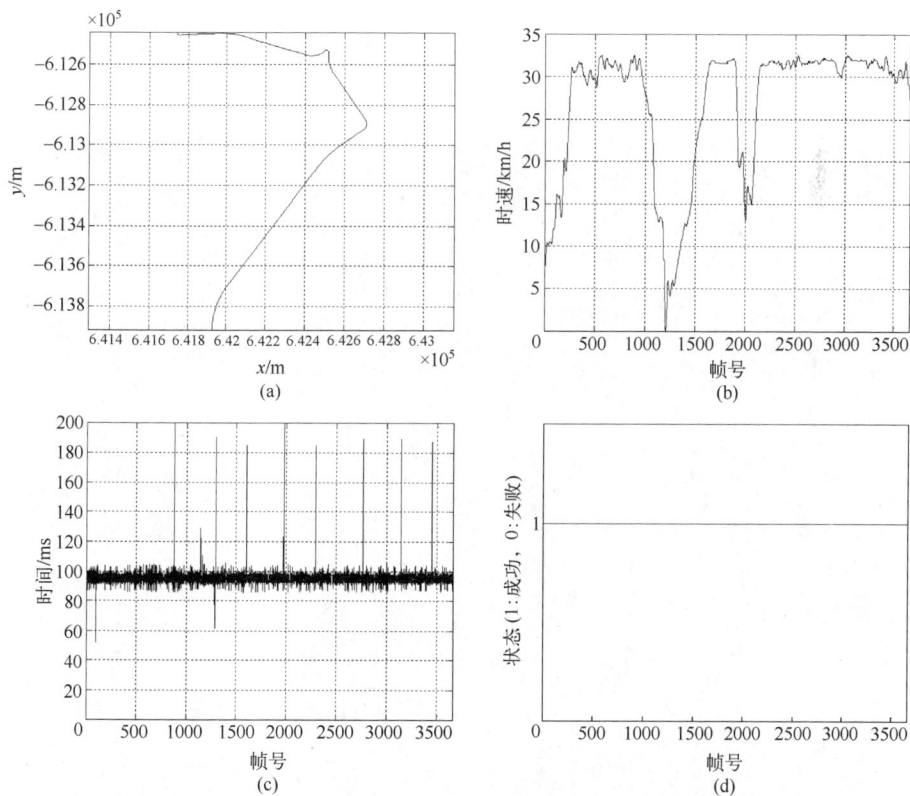

图 5.10　城市道路任务下分层局部路径规划的性能指标测试曲线

（a）行驶轨迹；（b）时速；（c）规划时间；（d）规划状态。

5.3.2 非结构化场景任务下的分层局部路径规划

在该实验中,选取越野道路自主驾驶作为非结构化场景下的任务。该越野道路位于某装甲车试验基地,包括障碍、行人、车辆和路边物体等环境要素,其地形起伏且包含草地、泥地、水面等多种路面。该任务涉及对简单交通标志的识别以及车辆在复杂地形和多种路面的通行。

1. 定性结果

(1)生成路径层的调用。越野道路任务下生成路径层的调用如图 5.11 所示。图 5.11(a)为分层局部路径规划主界面。其中,当前规划周期耗时为62ms,"OFF-ROAD"代表非结构化场景任务,输出路径的规划速度(Speed_P)为14.9km/h,车辆的实测速度(Speed_M)为 14.0km/h。图 5.11(b)为生成路径层子界面。其中,目标路径为蓝色,候选生成路径的不同颜色代表不同的得分,最终的生成路径为红色。

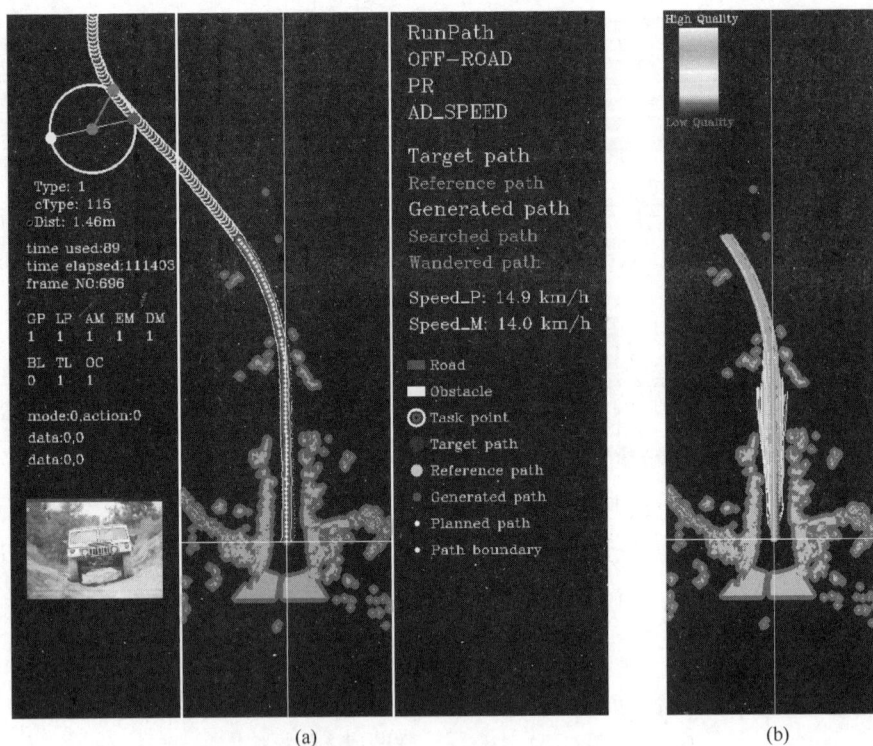

(a)   (b)

图 5.11 越野道路任务下生成路径层的调用(见彩插)

(a)分层局部路径规划主界面;(b)生成路径层子界面。

由图 5.11 可知,在非结构化场景的越野道路任务下,当前方道路的静态障碍较少时,分层局部路径规划算法仅需调用目标路径层、生成路径层和输出路径层,便能快速地获得平顺的输出路径。

(2) 搜索路径层的调用。越野道路任务下搜索路径层的调用如图 5.12 所示。图 5.12(a) 为分层局部路径规划主界面。其中,当前规划周期耗时为 90ms,输出路径的规划速度(Speed_P) 为 5.0km/h,车辆的实测速度(Speed_M) 为 4.7km/h。图 5.12(b) 为搜索路径层子界面。其中,目标路径为蓝色,搜索路径为红色。

由图 5.12 可知,在非结构化场景的越野道路任务下,当前方道路狭窄且静态障碍较多时,分层局部路径规划算法首先会调用目标路径层和生成路径层,若生成路径获取失败,则会调用搜索路径层,进而以一种更灵活的方式来获取车辆的行驶路径。为保证行驶的安全性,输出路径具有较低的规划速度。

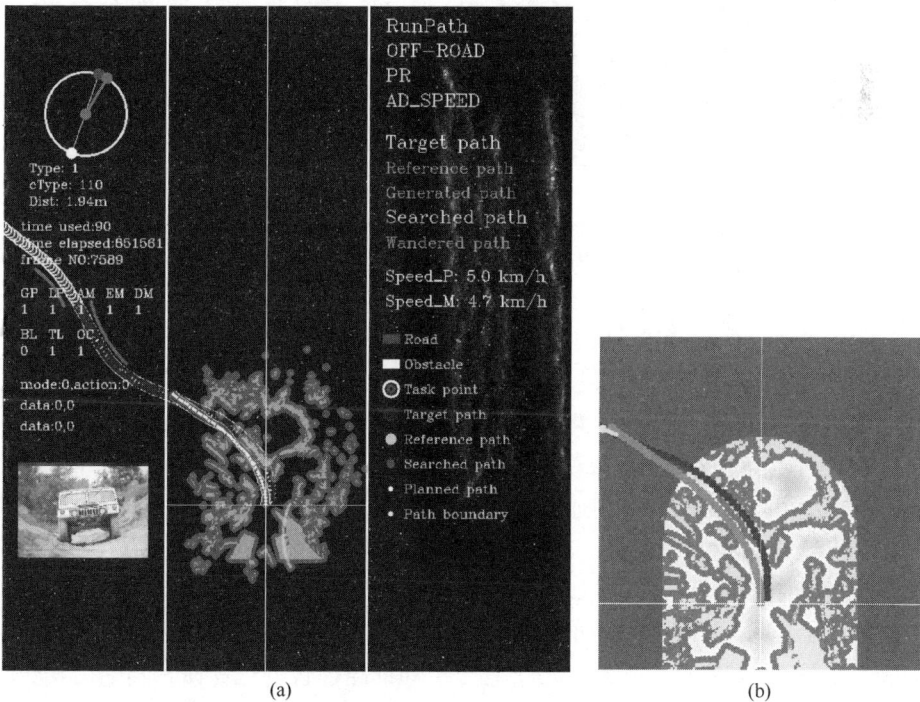

图 5.12　越野道路任务下搜索路径层的调用(见彩插)

(a) 分层局部路径规划主界面;(b) 搜索路径层子界面。

(3)漫游路径层的调用。越野道路任务下漫游路径层的调用如图 5.13 所示。图 5.13(a) 为分层局部路径规划主界面。其中,当前规划周期耗时为

106ms,输出路径的规划速度为 5.0km/h,车辆的实测速度为 3.8km/h。

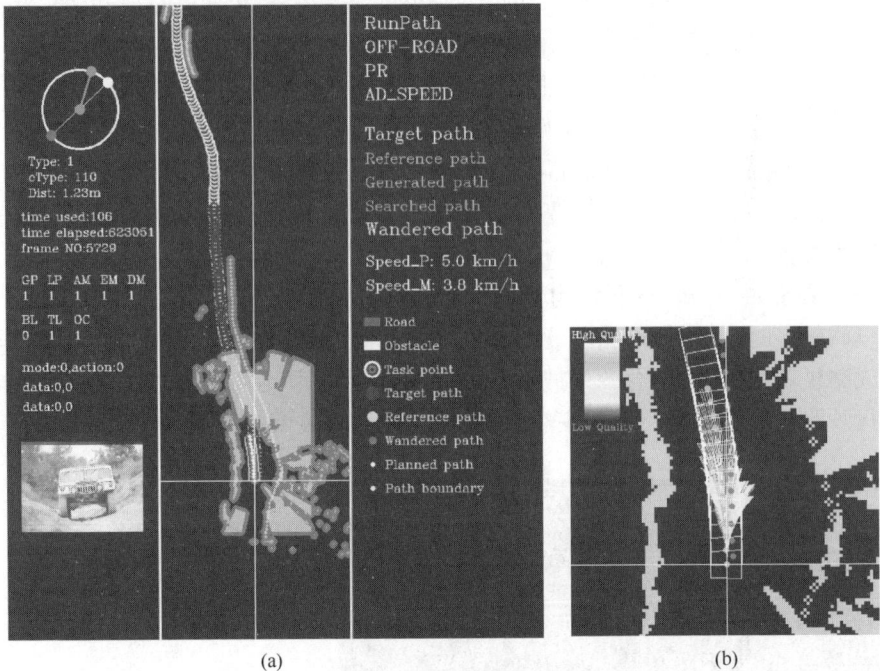

(a)　　　　　　　　　　(b)

图 5.13　越野道路任务下漫游路径层的调用(见彩插)
(a) 分层局部路径规划主界面;(b) 漫游路径层子界面。

　　由图 5.13 可知,在非结构化场景的越野道路任务下,当前方道路狭窄且静态障碍较多时,若分层局部路径规划算法调用的生成路径层及搜索路径层均未成功获取路径,则会调用漫游路径层,从而以一种更为灵活的方式来获取车辆的行驶路径,让车辆能够继续沿着目标路径行而不至于停车。为保证行驶的安全性,输出路径具有较低的规划速度。

　　(4) 规划失败情况分析。在越野道路任务中,环境的复杂性经常会导致车辆环境感知结果的不稳定,进而导致生成路径层、搜索路径层和漫游路径层均无法成功获得路径,最终返回停车指令,导致规划失败。越野道路任务下规划失败的情况如图 5.14 所示。图 5.14(a) 为分层局部路径规划主界面。其中,当前规划周期耗时为 86ms,输出路径的规划速度为 0.0km/h(表示期望停车),车辆的实测速度为 4.5km/h。图 5.14(b) 为生成路径层子界面。其中,由于最优候选生成路径的得分低于阈值,该层未能获得最终的生成路径。图 5.14(c) 为搜索路径层子界面。其中,由于算法没有成功地搜索出从起始点到目标点的路径,该层未能获得最终的搜索路径。图 5.14(d) 为漫游路径层子界面。其中,由于最优候选漫游路径的得分低于阈值,该层未能获得最终的漫游路径。最终,分层局部路径规划算法未能成功获得输出路径。

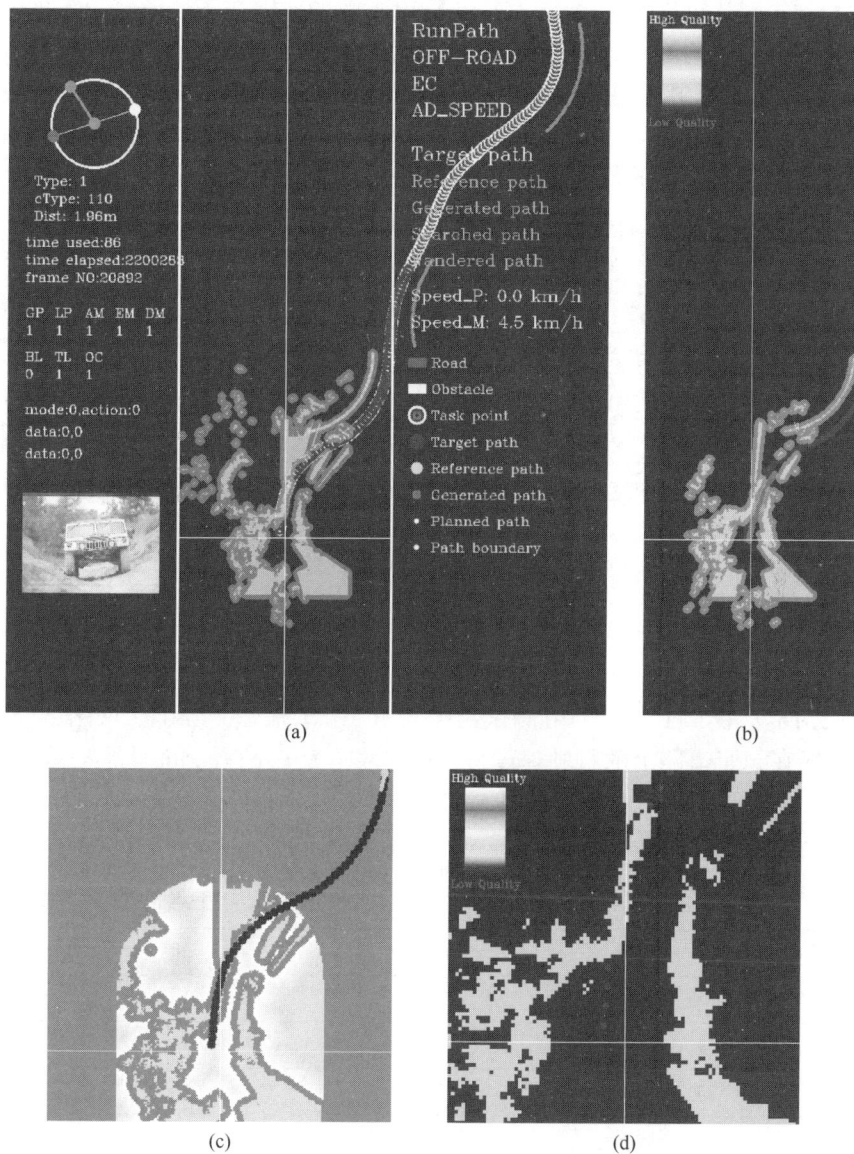

图 5.14 越野道路任务下规划失败的情况(见彩插)

(a) 分层局部路径规划主界面;(b) 生成路径层子界面;

(c) 搜索路径层子界面;(d) 漫游路径层子界面。

事实上,环境感知偶尔输出的不稳定结果通常不会对车辆的行驶造成影响。如图 5.15 所示,图 5.15(b)为图 5.14 所在帧的漫游路径层输出失败的子界面,

图 5.15(a) 和图 5.15(c) 分别为其前一帧和后一帧漫游路径层输出成功的子界面。通过对比可以发现,漫游路径层输出失败的原因在于环境感知结果中的车体前方有过多的静态障碍,导致该层无法获得不与静态障碍发生碰撞的路径。然而,若在后续帧中环境感知结果保持正常且分层局部路径规划算法能够成功地获得输出路径,由于每一规划周期持续极短(通常不超过100ms),一次规划的失败几乎不会对车辆的行驶造成实质性的影响。

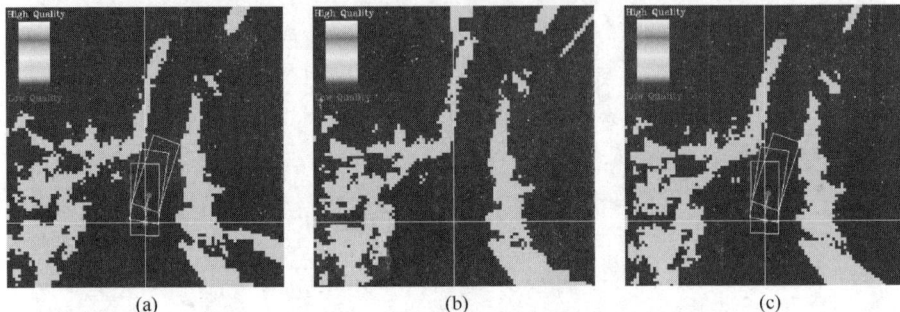

图 5.15　连续 3 帧的漫游路径层子界面(见彩插)

2. 定量结果

越野道路任务下分层局部路径规划的性能指标测试曲线及统计结果分别如图 5.16 及表 5.3 所示。由测试结果可知,由于地形复杂且感知结果不稳定,车辆在越野道路上的行驶速度慢(平均时速为 6.61km/h)且波动较大,规划时间短(平均规划时间为 95.72ms)且波动也较大,规划成功率高达 99.99%。

表 5.3　越野道路任务下分层局部路径规划的性能指标测试统计结果

性 能 指 标	数 值
路程长度/km	2.62
最高时速/(km/h)	12.60
平均时速/(km/h)	6.61
总规划时间/min	23.79
平均规划时间/ms	95.72
总规划次数	14912
成功规划次数	14911
规划成功率/%	99.99

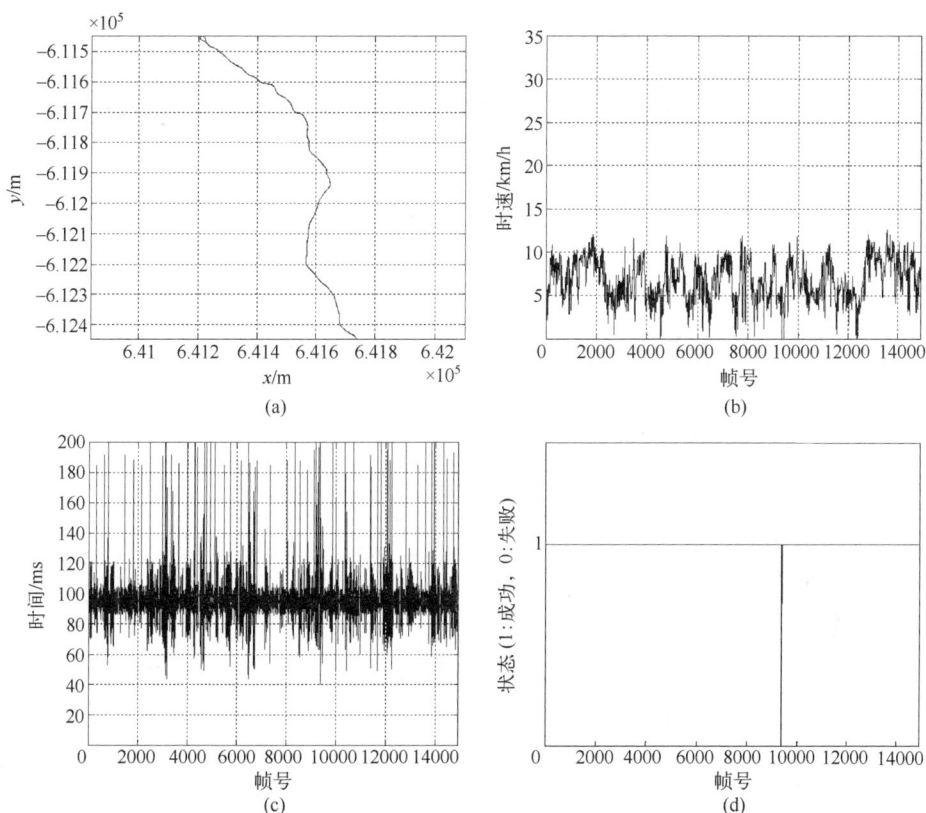

图 5.16　越野道路任务下分层局部路径规划的性能指标测试曲线
（a）行驶轨迹；（b）时速；（c）规划时间；（d）规划状态。

5.4　相 关 工 作

5.4.1　轨迹生成法

自主车局部路径规划需要实时计算得到从起始状态到目标状态的无碰撞路径,并针对特定的指标对轨迹进行优化,同时需要满足系统的模型约束和环境约束。为此,研究者们通常将自主车的局部路径规划问题形式化为两点边值约束满足问题(two-point boundary value problem,BVP),又称轨迹生成问题。根据求解方式不同,轨迹生成法可分为几何法和连续空间法。

（1）几何法。早在 20 世纪 50 年代,著名的 Dubins 曲线就是将路径规划问题形式化为 BVP 优化问题,然后利用几何法进行解析求解[231]。该方法将移动机器人的运动轨迹简化为圆弧和直线运动基元(motion primitives)的连接组合,通过圆弧和直线片将起始状态和目标状态连接起来,同时考虑了最小转弯半径的约束,并保证了距离最短的优化指标。Reeds 和 Shepp 对 Dubin 曲线进行了改进[232],考虑了前进和倒退的运动基元、起点和终点的状态约束以及最小转弯半径约束,并且保证了生成的路径能够满足最短路径的优化目标。该方法得到的轨迹虽然能够保证航向角连续,但在基元连接处存在曲率突变的现象。为此,研究者们采用了贝塞尔曲线[233-234]、B 样条曲线[235-236]、多项式曲线[237]等几何法,利用控制点及边界条件约束生成曲率平滑的路径。其他几何法还包括 C 空间法[238]、栅格法[239]、自由空间法[240]、Voronoi 图法(voronoi diagram)[241]等。几何法的优点是计算简便且实时性好,但由其通常仅考虑了简化的车辆运动学模型或者曲率连续性约束而未显式考虑复杂的车辆动力学模型和环境约束,因此主要适合在二维平面下的低速运动的车辆。当由于环境等因素导致车辆动力学模型发生较大的变化时,几何法所生成的轨迹通常难以执行。

(2)连续空间法。为了保证轨迹的可执行性,以减小车辆实际执行轨迹和预测轨迹之间的偏差,很多学者在路径规划中显式地考虑了复杂的车辆运动学甚至动力学模型,将轨迹生成问题形式化为有限时域的约束优化控制问题。具体来说,就是在连续空间中对系统开环控制输入序列进行求解,以满足轨迹边界状态约束,同时优化特定的目标函数。由于车辆动力学模型通常采用非线性微分方程来描述,因此需要通过非线性优化方法来求解轨迹生成问题[242],然而因其计算代价较高,因此通常难以满足实时性要求,并且只能获得局部最优解。为了降低轨迹生成问题的求解难度,减少优化问题的求解空间,Kelly 和 Nagy 对系统控制输入进行参数处理[243],将移动机器人的转向控制命令表示为关于弧长的多项式,并采用高阶螺旋几何曲线描述轨迹,由此将轨迹生成问题转化为参数优化问题。为进一步提高此算法的泛化性能,Howard 和 Kelly 考虑了更为复杂的车辆动力学模型,提出了求解模型预测轨迹生成的一般方法[244],并满足了实时性要求。这些方法已被用于多个移动机器人实验平台的路径规划中,包括获得 DARPA Urban Challenge 比赛冠军的 Boss[245-246]。

综上所述,轨迹生成方法的优势在于它能够很好地处理系统的模型约束以及起点和终点的边界约束,而局限性在于无法很好地处理复杂的障碍物约束。为此,一些学者采用拓扑学方法对原始的生成轨迹进行变形处理,直到不与障碍物碰撞[158];此外,一些学者利用几何法把避障约束形式化为不等式约束,然后利用模型预测控制中的优化方法来求解[159-160],但这些方法通常计算量较大,且只能处理一些稀疏的、规则形状的障碍物。

▶ **5.4.2 图搜索法**

当环境中的障碍物分布较复杂时,在连续的状态空间中利用轨迹生成法将很难直接计算得到从起始状态到目标状态的无碰撞参考路径。为降低在连续空间中规划的复杂度,需要对系统的配置空间进行离散化处理,从而把路径规划问题形式化序列决策问题,并利用图搜索的方法进行求解[161]。根据构建搜索图方法的不同和搜索策略的不同,图搜索法可分为确定性图搜索法和随机采样图搜索法[162]。确定性图搜索法的搜索过程按照特定的策略进行,因此对于同一个规划问题,每次的规划结果保持不变;随机采样图搜索法的扩展策略依赖于每次生成的随机数,因此对同一个规划问题,每次的规划结果会有所不同。

（1）确定性图搜索法。确定性图搜索法已被广泛用于复杂障碍物环境下移动机器人的路径规划中。它通常采用一种规则的方式来构建搜索图中的边和顶点,然后利用图搜索法求解从起始状态到目标状态的最优路径。为了保证规划路径的可执行性,研究人员在构建搜索图中的边(即运动轨迹基元)时,通常会考虑车辆的运动学模型约束[20,246]。Pivtoraiko 采用了先构建搜索图再进行碰撞检测的策略[247],利用规则状态栅格构建搜索图[248]。为了保证可执行性,搜索图中的边通过考虑微分约束的轨迹生成法得到,利用车辆运动平移和旋转的对称性,设计了最小轨迹基元集合。Pivtoraiko 还提出了多分辨的建图方法[248]进一步提高算法的效率。另一方面,为求解最优路径,人工智能领域的学者对图搜索方法进行了大量的研究,并提出了很多有效的图搜索算法[249],如 Dijkstra 算法[250]、Fallback 算法[251]、Floyd 算法[252]、A*[229]、Weighted A*[253]、D*[254]、D* Lite[255]、ARA*[256]、AD*[257]、Hybrid A*[164]、ANA*[228]等。由于这些确定性图搜索法通常是在离散的状态空间中进行的,因此它们只能满足特定分辨率下的完备性(resolution completeness)。

（2）随机采样图搜索法。确定性图搜索法大多是为了求解最优路径。事实上,由于计算资源的限制,对于复杂的机器人路径规划问题,得到一个可行解的难度已非常大,而得到最优解的难度更加难以想象。例如,对于高维、高自由度机器人的路径规划问题,利用确定性图搜索法将会导致搜索空间的扩展节点成指数增长,且启发式函数的设计也十分困难。为此,研究者在建立搜索图的节点扩展过程中采用随机采样策略[258],以牺牲最优性为代价来提高计算效率。也就是在未知的机器人配置空间,通过离散采样得到一条从初始配置到目标配置无碰撞路径。快速随机搜索树方法(rapidly-exploring random trees,RRTs)[165,259-260]在连续的配置空间中进行随机采样,并向前扩展相应的节点。概率路图方法(probabilistic road Maps,PRM)[261]首先在配置空间中采样,其次通过碰撞检测与确定自由配置节点,再基于这些自由配置节点构建搜索图,最后利用确定性图搜索方法进行路径规划。随机采样图搜索法通常只能得到次优解,且解的最优性对启发式函数的依赖性较大。此外,算法无法保证规划结果会随着规划时间的增加而收敛于最优解。为此,Karaman 等提出了一种增量式的随机采样图搜索法[262],保证规划结果能够随着迭代的进行而收敛于最优解,但该方法通常因耗时较多而不能满足规划的实时性要求。

利用图搜索法,可在复杂障碍物环境下或者高维机器人运动空间中,计算一条从起始状态到目标状态的长距离无碰撞路径,并克服反应式导航易使路径规划陷入局部最优的缺陷。然而,由于计算复杂度高且实时性差,图搜索法难以处理突然出现的障碍物,因此通常只能用于低速运动的机器人或者离线运行。此外,由于规划的轨迹通常由序列轨迹基元串联而获得,其连接处的曲率不连续。为了提高规划结果的光滑性,一般采用平滑算法进行后处理[163-167]。

5.4.3　其他方法

除了轨迹生成法和图搜索法,其他常用的规划方法还包括传统算法和智能仿生学算法:

(1) 传统算法。该类算法包括模拟退火算法(simulated annealing)[263]、人工势场法(artificial potential field)[264]、模糊逻辑算法(fuzzy logic algorithm)[265]、禁忌搜索算法(tabu search)[266]等。传统算法在解决实际问题时往往存在着难以建模的问题。

(2) 智能仿生学算法。该类算法包括蚁群算法(ant colony algorithm)[267]、神经网络算法[268]、粒子群优化(particle swarm optimization)[269]、遗传算法(genetic algorithm)[270]等。智能仿生学算法是人们通过仿生学研究而发现的算法,在处理复杂动态环境下的路径规划问题时,来自于自然界的启示往往能有更好的作用。

5.5　本 章 小 结

5.5.1　算法的局限性

为了使自主驾驶能够适应不同环境和任务,本章提出了基于双过程的理论分层局部路径规划算法,尽管该方法已取得了良好的效果,但其仍然存在一定的局限性,主要体现在以下三方面:

(1) 分层结构的最优性。本章所采取的分层规划结构及规划层调度策略不一定是最优的处理方式,且当环境的复杂度或面临的任务发生变化时,不同规划层组合方式的切换会导致规划结果的不连续。虽然该算法已对规划结果进行了时域平滑,但这种不连续性仍在根本上存在,这将在某种程度上带来不一致的规划结果。

（2）算法参数的最优性。该算法涉及较多的参数设定,例如,生成或漫游路径层中采样点的采样范围和采样间隔,以及候选路径各项评价指标的衰减系数、膨胀系数、阈值系数和权重系数等。人工设定的这些参数通常很难保证其最优性。

（3）参数优化的高效性。为了获得较好的算法参数,往往需要通过多次实车试验来对这些参数进行人工调节(即优化),从而使算法的规划结果符合人类驾驶的预期结果。然而,根据人的经验来调节参数的方式通常较为主观和盲目,且大多时候是伴随着实车试验来在线地进行,因此效率低下。

参 考 文 献

[1]　Bengler K,Dietmayer K,Farber B,et al. Three decades of driver assistance systems:Review and future per-spectives [J]. IEEE Intelligent Transportation Systems Magazine,2014,6 (4):6-22.

[2]　Siegwart R,Nourbakhsh I R,Scaramuzza D,et al. Introduction to autonomous mobile robots [M], MIT Press,2011.

[3]　Trucks V. European accident research and safety report 2MI3 [J], Volvo Trucks, Gothenburg, Sweden, Tech,Rep. 2013.

[4]　Rajamani R. Vehicle dynamics and control [M]. Berlim:Springer Science & Business Media,2011.

[5]　Fraichard T,Asama H. Inevitable collision states—A step towards safer robots? [J]. Advanced Robotics, 2004,18 (10):1001-1024.

[6]　Fenton R E,Cosgriff R L,Olson K W,et al. One approach to highway automation [J]. Proceedings of the IEEE,1968,56 (4):556-566.

[7]　Fikes R E,Hart P E,Nilsson N J. Learning and executing generalized robot plans [J]. Artificial intelli-gence,1972,3:251-288.

[8]　Nilsson N J. A mobius automation:an application of artificial intelligence techniques [C]. WaShinyton:In International Joint Conference on Artificial Intelligence (IJCAI),1969.

[9]　Thorpe C,Hebert M H,Kanade T,et al. Vision and navigation for the Carnegie-Mellon Navlab [J]. IEEE Transactions on Pattern Analysis and Machine Intel-ligence (TPAMI),1988,10 (3):362-373.

[10]　Hedrick J K,Tomizuka M,Varaiya P. Control issues in automated highway systems [J]. IEEE Control Systems,1994,14 (6):21-32.

[11]　Lacaze A,Murphy K,DelGiorno M. Autonomous mobility for the Demo Ⅲ experimental unmanned vehicles [C]. In in Assoc. for Unmanned Vehicle Systems Int. Conf. on Unmanned Vehicles,2002.

[12]　Coombs D,Murphy K,Lacaze A,et al. Driving autonomously off-road up to 35 km/h [C]. In Proceed-ings of the IEEE Intelligent Vehicles Symposium 2000 (Cat. No. 00TH8511),2000.

[13]　Dickmanns E D,Behringer R,Dickmanns D,et al. The seeing passenger car"VaMoRs-P"[C]. In Pro-ceedings of the Intelligent Vehicles' 94 Symposium,1994.

[14]　Maurer M,Behringer R,Furst S,et al. A compact vision system for road vehicle guidance [C]. In Pro-ceedings of the IEEE Conference on Computer Vision and Pattern Recognition (CVPR),1996.

[15]　Pomerleau D,Jochem T. Rapidly adapting machine vision for automated vehicle steering [J]. IEEE ex-pert,1996,11 (2):19-27.

[16]　Broggi A. Automatic vehicle guidance:the experience of the ARGO autonomous vehicle [M]. World Sci-entific,1999.

[17]　Bertozzi M,Broggi A,Coati A,et al. A 13000km intercontinental trip with driverless vehicles:The VIAC experiment [J]. IEEE Intelligent Transportation Systems Magazine,2013,5 (1):28-41.

[18]　Thrun S,Montemerlo M,Dahlkamp H,et al. Stanley:The robot that won the DARPA Grand Challenge [J],Journal of field Robotics,2006,23 (9):661-692.

[19] Urmson C, Ragusa C, Ray D, et al. A robust approach to high-speed navigation for unrehearsed desert terrain [J], Journal of Field Robotics, 2006, 23 (8):467-508.

[20] Urmson C, Anhalt J, Bagnell D, et al. Autonomous driving in urban environ-ments: Boss and the urban challenge [J], Journal of Field Robotics, 2008, 25 (8):425-466.

[21] Montemerlo M, Becker J, Bhat S, et al. Junior: The stanford entry in the urban challenge [J]. Journal of field Robotics, 2008, 25 (9):569-597.

[22] Bacha A, Bauman C, Faruque R, et al. Odin: Team victortango's entry in the darpa urban challenge [J]. Journal of Field Robotics, 2008, 25 (8):467-492.

[23] Buehler M, Iagnemma K, Singh S. The DARPA urban challenge: Autonomous vehicles in city traffic [M]. Berlin: springer, 2009.

[24] Geiger A, Lauer M, Moosmann F, et al. Team Annie WAY's entry to the 2011 grand cooperative driving challenge [J]. IEEE Transactions on Intelligent Transportation Systems, 2012, 13 (3):1008-1017.

[25] Fassbender D, Mueller A, Wuensche H-J. Trajectory planning for car-like robots in unknown, unstructured environments [C]. Chicago: In IEEE/RSJ International Conference on Intelligent Robots and Systems (IROS), 2014.

[26] Kim J, Jo K, Chu K, et al. Road-model-based and graph-structure-based hier-archical path-planning approach for autonomous vehicles [J]. Proceedings of the Institution of Mechanical Engineers, Part D: Journal of Automobile Engineering, 2014, 228 (8):909-928.

[27] Levinson J, Askeland J, Becker J, et al. Towards fully autonomous driving: Systems and algorithms [C]. Germang: In Intelligent Vehicles Symposium (Ⅳ), 2011:163-168.

[28] Beal C E, Gerdes J C. Model predictive control for vehicle stabilization at the limits of handling [J]. IEEE Transactions on Control Systems Technology, 2013, 21 (4):1258-1269.

[29] Levinson J, Thrun S. Robust vehicle localization in urban environments using probabilistic maps [C]. Alaska: In IEEE International Conference on Robotics and Automation (ICRA), 2010.

[30] Nuchter A, Surmann H, Lingemann K, et al. 6D SLAM with an application in autonomous mine mapping [C]. LA: In IEEE International Conference on Robotics and Automation (ICRA), 2004.

[31] Viola P, Jones M. Rapid object detection using a boosted cascade of simple features [C]. Kauai: In Proceedings of the IEEE Conference on Computer Vision and Pattern Recognition (CVPR), 2001.

[32] Shotton J, Winn J, Rother C, et al. Textonboost: Joint appearance, shape and context modeling for multi-class object recognition and segmentation [C]. Graz: In Proceedings of the European Conference on Computer Vision (ECCV), 2006.

[33] Lowe D G. Object recognition from local scale-invariant features [C]. Corfu: In Proceedings of the IEEE International Conference on Computer Vision (ICCV), 1999.

[34] Bolme D S, Beveridge J R, Draper B A, et al. Visual object tracking using adaptive correlation filters [C]. Califomia: In Proceedings of the IEEE Conference on Computer Vision and Pattern Recognition (CVPR), 2010.

[35] Cho H, Seo Y-W, Kumar B V, et al. A multi-sensor fusion system for moving object detection and tracking in urban driving environments [C]. Hongkong: In IEEE International Conference on Robotics and Automation (ICRA), 2014.

[36] Geiger A, Lauer M, Wojek C, et al. 3D traffic scene understanding from movable platforms [J]. IEEE transactions on pattern analysis and machine intelligence (TPAMI), 2014, 36 (5):1012-1025.

[37] Durrant-Whyte H, Bailey T. Simultaneous localization and mapping: part I [J]. IEEE Robotics & Auto-

mation Magazine,2006,13（2）:99-110.

［38］ Bailey T,Durrant-Whyte H. Simultaneous localization and mapping（SLAM）:Part Ⅱ［J］. IEEE Robotics & Automation Magazine,2006,13（3）:108-117.

［39］ Ladickỳ L,Sturgess P,Alahari K,et al. What,where and how many? combining object detectors and CRFS［C］. Crete:In Proceedings of the European Conference on Computer Vision（ECCV）,2010.

［40］ Girshick R,Donahue J,Darrell T,et al. Rich feature hierarchies for accurate object detection and semantic segmentation［C］. Ohio:In Proceedings of the IEEE Conference on Computer Vision and Pattern Recognition（CVPR）,2014.

［41］ Cortes C,Vapnik V. Support-vector networks［J］. Machine Learning,1995,20（3）:273-297.

［42］ Cover T,Hart P. Nearest neighbor pattern classification［J］. IEEE Transactions on Information Theory,1967,13（1）:21-27.

［43］ Friedman N,Geiger D,Goldszmidt M. Bayesian network classifiers［J］. Machine Learning,1997,29(2-3):131-163.

［44］ Safavian S R,Landgrebe D. A survey of decision tree classifier methodology［J］. IEEE Transactions on Systems,Man,and Cybernetics,1991,21（3）:660-674.

［45］ Bengio Y. Learning deep architectures for AI［J］. Foundations and Trends in Machine Learning. 2009.

［46］ LeCun Y,Bengio Y,Hinton G. Deep learning［J］. Nature,2015,521（7553）:436.

［47］ Goodfellow I,Bengio Y,Courville A,et al. Deep learning［M］. Cambridge:MIT press Cambridge,2016.

［48］ Rumelhart D E,Hinton G E,Williams R J. Learning internal representations by error propagation［R］. 1985.

［49］ LeCun Y,Boser B,Denker J S,et al. Backpropagation applied to handwritten zip code recognition［J］. Neural Computation,1989,1（4）:541-551.

［50］ LeCun Y,Bottou L,Bengio Y,et al. Gradient-based learning applied to document recognition［J］. Proceedings of the IEEE,1998,86（11）:2278-2324.

［51］ Rumelhart D E,Hinton G E,Williams R J. Learning representations by backpropagating errors［J］. Nature,1986,323（6088）:533-536.

［52］ Gers F A,Schmidhuber J,Cummins F. Learning to forget:Continual prediction with LSTM［J］. Neural computation,2000,12（10）:2451-2471.

［53］ Cho K,Van Merriënboer B,Gulcehre C,et al. Learning phrase representations using RNN encoder-decoder for statistical machine translation［J］. arXiv preprint arXiv:1406. 1078. 2014.

［54］ Hinton G E,Salakhutdinov R R. Reducing the dimensionality of data with neural networks［J］. Science,2006,313（5786）:504-507.

［55］ Lapedes A S,Farber R M. How neural nets work［C］. Colorado:In Advances in Neural Information Processing Systems(NIPS),1988.

［56］ Bishop C M,et al. Neural networks for pattern recognition［M］. Oxford:Oxford University Press,1995.

［57］ Delalleau O,Bengio Y. Shallow vs. deep sum-product networks［C］. Spain In Advances in Neural Information Processing Systems(NIPS),2011.

［58］ Milz S,Arbeiter G,Witt C,et al. Visual SLAM for Automated driving:Exploring the applications of deep learning［C］. UT:In Proceedings of the IEEE Conference on Computer Vision and Pattern Recognition Workshops(CVPRW),2018.

［59］ Cai Z,Fan Q,Feris R S,et al. A unified multi-scale deep convolutional neural network for fast object detection［C］. Amsterdam:In Proceedings of the European Conference on Computer Vision(ECCV),2016.

［60］ Zhang Z,Fidler S,Urtasun R. Instance-level segmentation for autonomous driving with deep densely connected mrfs［C］. Las Vegas:In Proceedings of the IEEE Conference on Computer Vision and Pattern Recognition(CVPR),2016.

［61］ Chen X,Ma H,Wan J,et al. Multi-view 3d object detection network for autonomous driving［C］. Hawaii:In Proceedings of the IEEE Conference on Computer Vision and Pattern Recognition(CVPR),2017.

［62］ Milan A,Rezatofighi S H,Dick A R,et al. Online multi-Target tracking using recurrent neural networks ［C］. Califomia:In AAAI Conference on Artificial Intelligence(AAAI),2017.

［63］ Liang M,Yang B,Wang S,et al. Deep continuous fusion for multi-sensor 3D object detection［C］. Munich: In Proceedings of the European Conference on Computer Vision(ECCV),2018.

［64］ Zhao H,Shi J,Qi X,et al. Pyramid scene parsing network［C］. Hawaii:In Proceedings of the IEEE Conference on Computer Vision and Pattern Recognition(CVPR),2017.

［65］ Socher R,Perelygin A,Wu J,et al. Recursive deep models for semantic compositionality over a sentiment treebank［C］. Seattle:In Proceedings of the 2013 Conference on Empirical Methods in Natural Language Processing(EMNLP),2013.

［66］ Santos C D,Zadrozny B. Learning character-level representations for part-of-speech tagging［C］. Beijing: In International Conference on Machine Learning(ICML),2014.

［67］ Bahdanau D,Cho K,BengioY. Neural machine translation by jointly learning to align and translate［C］. CA:In International Conference on Learning Representations(ICLR),2015.

［68］ Iyyer M,Boyd-Graber J,Claudino L,et al. A neural network for factoid question answering over paragraphs ［C］. In Proceedings of the 2014 Conference on Empirical Methods in Natural Language Processing(EMNLP),2014.

［69］ Byeon W,Breuel T M,Raue F,et al. Scene labeling with LSTM recurrent neural networks［C］. In Proceedings of the IEEE Conference on Computer Vision and Pattern Recognition(CVPR),2015.

［70］ Kumar A C,Bhandarkar S M,Prasad M. Depthnet:A recurrent neural network architecture for monocular depth prediction［C］. In Proceedings of the IEEE Conference on Computer Vision and Pattern Recognition (CVPR),2018.

［71］ van den Oord A,Kalchbrenner N,Kavukcuoglu K. Pixel recurrent neural networks［C］. In International Conference on Machine Learning(ICML),2016.

［72］ Huang Y,Wang W,Wang L. Bidirectional recurrent convolutional networks for multi-frame super-resolution［C］. In Advances in neural information processing systems(NIPS),2015.

［73］ Tokmakov P,Alahari K,Schmid C. Learning video object segmentation with visual memory［C］. In Proceedings of the IEEE International Conference on Computer Vision(ICCV),2017.

［74］ Ranzato M,Szlam A,Bruna J,et al. Video(language)modeling:a baseline for generative models of natural videos［J］. arXiv preprint arXiv:1412. 6604,2014.

［75］ Villegas R,Yang J,Hong S,et al. Decomposing motion and content for natural video sequence prediction ［C］. In International Conference on Learning Representations(ICLR),2017.

［76］ BengioY,Simard P,Frasconi P. Learning long-term dependencies with gradient descent is difficult［J］. IEEE Transactions on Neural Networks(TNN),1994,5(2):157-166.

［77］ Hochreiter S,Schmidhuber J. Long short-term memory［J］. Neural Computation, 1997,9(8):1735-1780.

［78］ Graves A,Mohamed A-R,Hinton G. Speech recognition with deep recurrent neural networks［C］. In IEEE International Conference on Acoustics,Speech and Signal Processing(ICASSP),2013.

[79] Xingjian S, Chen Z, Wang H, et al. Convolutional LSTM network: A machine learning approach for precipitation nowcasting[C]. In Advances in Neural Information Processing Systems(NIPS), 2015.

[80] Romera-Paredes B, Torr P H S. Recurrent instance segmentation[C]. In proceedings of the european conference on computer vision(ECCV), 2016.

[81] Patraucean V, Handa A, Cipolla R. Spatio-temporal video autoencoder with differentiable memory[C]. In International Conference on Learning Representations Workshops(ICLRW), 2016.

[82] Wu L, Shen C, Hengel A v d. Deep recurrent convolutional networks for video-based person re-identification: An end-to-end approach[J]. arXiv preprint arXiv: 1606. 01609, 2016.

[83] Stollenga M F, Byeon W, Liwicki M, et al. Parallel multi-dimensional LSTM, with application to fast biomedical volumetric image segmentation [C]. In Advances in Neural Information Processing Systems (NIPS), 2015.

[84] Chen J, Yang L, Zhang Y, et al. Combining fully convolutional and recurrent neural networks for 3D biomedical image segmentation[C]. In Advances in Neural Information Processing Systems(NIPS), 2016.

[85] Kalchbrenner N, Danihelka I, Graves A. Grid long short-term memory[C]. In International Conference on Learning Representations(ICLR), 2016.

[86] Graves A. Adaptive computation time for recurrent neural networks[J]. arXiv preprint arXiv: 1603. 08983, 2016.

[87] Zilly J G, Srivastava R K, Koutník J, et al. Recurrent highway networks[C]. In International Conference on Machine Learning(ICML), 2017.

[88] Mujika A, Meier F, Steger A. Fast-slow recurrent neural networks[C]. In Advances in Neural Information Processing Systems(NIPS), 2017.

[89] Appleyard J, Kocisky T, Blunsom P. Optimizing performance of recurrent neural networks on GPUs[J]. arXiv preprint arXiv:1604. 01946. 2016.

[90] Diamos G, Sengupta S, Catanzaro B, et al. Persistent RNNs: Stashing recurrent weights on-chip[C]. In International Conference on Machine Learning(ICML), 2016.

[91] Kaiser Ł, Sutskever I. Neural gpus learn algorithms[C]. In International Conference on Learning Representations(ICLR), 2016.

[92] Kaiser Ł, Bengio S. Can active memory replace attention? [C]. In Advances in Neural Information Processing Systems(NIPS), 2016.

[93] Oord A v d, Dieleman S, Zen H, et al. Wavenet: A generative model for raw audio[J]. arXiv preprint arXiv: 1609. 03499, 2016.

[94] Bradbury J, Merity S, Xiong C, et al. Quasi-recurrent neural networks[C]. In International Conference on Learning Representations(ICLR), 2017.

[95] Lei T, Zhang Y. Training RNNs as Fast as CNNs[J]. arXiv preprint arXiv:1709. 02755, 2017.

[96] Chang S, Zhang Y, Han W, et al. Dilated recurrent neural networks [C]. In Advances in Neural Information Processing Systems(NIPS), 2017.

[97] Felzenszwalb P F, Girshick R B, McAllester D, et al. Object detection with discriminatively trained part-based models [J]. IEEE Transactions on Pattern Analysis and Machine Intelligence (TPAMI), 2010, 32(9):1627-1645.

[98] Girshick R. Fast r-cnn[C]. In Proceedings of the IEEE International Conferenceon Computer Vision (ICCV), 2015.

[99] Ren S, He K, Girshick R, et al. Faster r-cnn: Towards real-time object detection with region proposal

networks[C]. In Advances in Neural Information Processing Systems(NIPS),2015.

[100] He K,Gkioxari G,Dollár P,et al. Mask r-cnn[C]. In Proceedings of the IEEE International Conference on Computer Vision(ICCV),2017.

[101] Enzweiler M, Gavrila D M. Monocular pedestrian detection: Survey and experiments [J]. IEEE Transactions on Pattern Analysis and Machine Intelligence(TPAMI),2008(12):2179-2195.

[102] Deng J, Dong W, Socher R, et al. Imagenet: A large-scale hierarchical image database [C]. In Proceedings of the IEEE Conference on Computer Vision and Pattern Recognition(CVPR),2009.

[103] Everingham M,Van Gool L,Williams C K,et al. The pascal visual object classes(voc)challenge[J]. International Journal of Computer Vision(IJCV),2010,88(2):303-338.

[104] Geiger A,Lenz P,Stiller C,et al. Vision meets robotics:The KITTI dataset[J]. The International Journal of Robotics Research,2013,32(11):1231-1237.

[105] Lin T-Y,Maire M,Belongie S,et al. Microsoft coco:Common objects in context[C]. In Proceedings of the European Conference on Computer Vision(ECCV),2014.

[106] Huang L,Yang Y,Deng Y,et al. Densebox:Unifying landmark localization with end to end object detection[J]. arXiv preprint arXiv:1509.04874,2015.

[107] Redmon J,Divvala S,Girshick R,et al. You only look once:Unified,real-time object detection[C]. In Proceedings of the IEEE Conference on Computer Vision and Pattern Recognition(CVPR),2016.

[108] Liu W, Anguelov D, Erhan D, et al. Ssd:Single shot multibox detector [C]. In Proceedings of the European Conference on Computer Vision(ECCV),2016.

[109] Kulkarni T D, Whitney W F, Kohli P, et al. Deep convolutional inverse graphics network [C]. In Advances in Neural Information Processing Systems(NIPS),2015.

[110] Chen X,DuanY,Houthooft R,et al. Infogan:Interpretable representation learning by information maximizing generative adversarial nets [C]. In Advances in Neural Information Processing Systems (NIPS),2016.

[111] Rolfe J T. Discrete variational autoencoders[C]. In International Conference on Learning Representations (ICLR),2017.

[112] Le Roux N,Heess N,Shotton J,et al. Learning a generative model of images by factoring appearance and shape[J]. Neural Computation,2011,23(3):593-650.

[113] Moreno P,Williams C K,Nash C,et al. Overcoming occlusion with inverse graphics[C]. In Proceedings of the European Conference on Computer Vision(ECCV),2016.

[114] Huang J,Murphy K. Efficient inference in occlusion-aware generative models of images[C]. In International Conference on Learning Representations Workshops(ICLRW),2016.

[115] Eslami S A,Heess N,Weber T,et al. Attend,infer,repeat:Fast scene understanding with generative models[C]. In Advances in Neural Information Processing Systems(NIPS),2016.

[116] Yan X,Yang J,Yumer E,et al. Perspective transformer nets:Learning single-view 3D object reconstruction without 3D supervision[C]. In Advances in Neural Information Processing Systems(NIPS),2016.

[117] Rezende D J,Eslami S A,Mohamed S,et al. Unsupervised learning of 3D structure from images[C]. In Advances in Neural Information Processing Systems(NIPS),2016.

[118] Stewart R,Ermon S. Label-free supervision of neural networks with physics and domain knowledge[C]. In AAAI Conference on Artificial Intelligence(AAAI),2017.

[119] Wu J,Tenenbaum J B,Kohli P. Neural scene de-rendering[C]. In proceedings of the IEEE conference on computer vision and pattern recognition(CVPR),2017.

[120] Andriluka M,Roth S,Schiele B. People-tracking-by-detection and people-detection-by-tracking[C]. In Proceedings of the IEEE Conference on Computer Vision and Pattern Recognition(CVPR),2008.

[121] Henriques J F,Caseiro R,Martins P,et al. Exploiting the circulant structure of tracking-by-detection with kernels[C]. In Proceedings of the European Conference on Computer Vision(ECCV),2012.

[122] Breitenstein M D,Reichlin F,Leibe B,et al. Robust tracking-by-detection using a detector confidence particle filter[C]. In Proceedings of the IEEE International Conference on Computer Vision(ICCV), 2009.

[123] Breitenstein M D,Reichlin F,Leibe B,et al. Online multiperson tracking-by-detection from a single,un-calibrated camera[J]. IEEE Transactions on Pattern Analysis and Machine Intelligence(TPAMI),2011, 33(9):1820-1833.

[124] Xiang Y,Alahi A,Savarese S. Learning to track:Online multi-object tracking by decision making[C]. In Proceedings of the IEEE International Conference on Computer Vision(ICCV),2015.

[125] Schulter S,Vernaza P,Choi W,et al. Deep network flow for multi-object tracking[C]. In Proceedings of the IEEE Conference on Computer Vision and Pattern Recognition(CVPR),2017.

[126] Sadeghian A,Alahi A,Savarese S. Tracking the untrackable:Learning to track multiple cues with long-term dependencies[C]. In Proceedings of the IEEE International Conference on Computer Vision(IC-CV),2017.

[127] Ondrúška P,Posner I. Deep tracking:seeing beyond seeing using recurrent neural networks[C]. In AAAI Conference on Artificial Intelligence(AAAI),2016.

[128] Karl M,Soelch M,Bayer J,et al. Deep variational bayes filters:Unsupervised learning of state space models from raw data[C]. In International Conference on Learning Representations(ICLR),2017.

[129] Greff K,van Steenkiste S,Schmidhuber J. Neural expectation maximization[C]. In Advances in Neural Information Processing Systems(NIPS),2017.

[130] Denton E L. Unsupervised learning of disentangled representations from video[C]. In Advances in Neural Information Processing Systems(NIPS),2017.

[131] Fraccaro M,Kamronn S,Paquet U,et al. A Disentangled Recognition and Nonlinear Dynamics Model for Unsupervised Learning[C]. In Advances in Neural Information Processing Systems(NIPS),2017.

[132] Jojic N,Frey B J. Learning flexible sprites in video layers[C]. In Proceedings of the IEEE Conference on Computer Vision and Pattern Recognition(CVPR),2001.

[133] Winn J,Blake A. Generative affine localisation and tracking[C]. In Advances in Neural Information Processing Systems(NIPS),2005.

[134] Wulff J,Black M J. Modeling blurred video with layers[C]. In Proceedings of the European Conference on Computer Vision(ECCV),2014.

[135] Watters N,Zoran D,Weber T,et al. Visual interaction networks:Learning a physics simulator from video [C]. In Advances in Neural Information Processing Systems(NIPS),2017.

[136] Wu J,Lu E,Kohli P,et al. Learning to see physics via visual de-animation[C]. In Advances in Neural Information Processing Systems(NIPS),2017.

[137] Zhang L,Li Y,Nevatia R. Global data association for multi-object tracking using network flows[C]. In Proceedings of the IEEE Conference on Computer Vision and Pattern Recognition(CVPR),2008.

[138] Niebles J C,Han B,Fei-Fei L. Efficient extraction of human motion volumes by tracking[C]. In Proceedings of the IEEE Conference on Computer Vision and Pattern Recognition(CVPR),2010.

[139] Kuo C-H,Huang C,Nevatia R. Multi-target tracking by on-line learned discriminative appearance mod-

els[C]. In Proceedings of the IEEE Conference on Computer Vision and Pattern Recognition (CVPR),2010.

[140] Berclaz J,Fleuret F,Turetken E,et al. Multiple object tracking using k-shortest paths optimization[J]. IEEE Transactions on Pattern Analysis and Machine Intelligence(TPAMI),2011,33(9):1806-1819.

[141] Pirsiavash H,Ramanan D,Fowlkes C C. Globally-optimal greedy algorithms for tracking a variable number of objects[C]. In Proceedings of the IEEE Conference on Computer Vision and Pattern Recognition (CVPR),2011.

[142] Butt A A,Collins R T. Multi-target tracking by lagrangian relaxation to mincost network flow[C]. In Proceedings of the IEEE Conference on Computer Vision and Pattern Recognition(CVPR),2013.

[143] Milan A,Roth S,Schindler K. Continuous energy minimization for multitarget tracking[J]. IEEE Transactions on Pattern Analysis and Machine Intelligence(TPAMI),2014,36(1):58-72.

[144] Turner R D,Bottone S,Avasarala B. A complete variational tracker[C]. In Advances in Neural Information Processing Systems(NIPS),2014.

[145] Bae S-H,Yoon K-J. Robust online multi-object tracking based on tracklet confidence and online discriminative appearance learning[C]. In Proceedings of the IEEE Conference on Computer Vision and Pattern Recognition(CVPR),2014.

[146] Wu B,Nevatia R. Detection and tracking of multiple,partially occluded humans by bayesian combination of edgelet based part detectors[J]. International Journal of Computer Vision(IJCV),2007,75(2):247-266.

[147] Perera A A,Srinivas C,Hoogs A,et al. Multi-object tracking through simul-taneous long occlusions and split-merge conditions[C]. In Proceedings of the IEEE Conference on Computer Vision and Pattern Recognition(CVPR),2006.

[148] Huang C,Wu B,Nevatia R. Robust object tracking by hierarchical association of detection responses[C]. In Proceedings of the European Conference on Computer Vision(ECCV),2008.

[149] Xing J,Ai H,Lao S. Multi-object tracking through occlusions by local tracklets filtering and global tracklets association with detection responses[C]. In Proceedings of the IEEE Conference on Computer Vision and Pattern Recognition(CVPR),2009.

[150] Schulz D,Burgard W,Fox D,et al. People tracking with mobile robots using sample-based joint probabilistic data association filters[J]. The International Journal of Robotics Research,2003,22(2):99-116.

[151] Blackman S S. Multiple hypothesis tracking for multiple target tracking[J]. IEEE Aerospace and Electronic Systems Magazine. 2004,19(1):5-18.

[152] Khan Z,Balch T,Dellaert F. MCMC-based particle filtering for tracking a variable number of interacting targets[J]. IEEE Transactions on Pattern Analysis and Machine Intelligence(TPAMI),2005,27(11):1805-1819.

[153] Vo B-N,Ma W-K. The Gaussian mixture probability hypothesis density filter[J]. IEEE Transactions on Signal Processing(TSP),2006,54(11):4091-4104.

[154] Shu G,Dehghan A,Oreifej O,et al. Part-based multiple-person tracking with partial occlusion handling [C]. In Proceedings of the IEEE Conference on Computer Vision and Pattern Recognition (CVPR),2012.

[155] Reilly V,Idrees H,Shah M. Detection and tracking of large number of targets in wide area surveillance [C]. In Proceedings of the European Conference on Computer Vision(ECCV),2010.

[156] Kim S,Kwak S,Feyereisl J,et al. Online multi-target tracking by large margin structured learning[C].

In Asian Conference on Computer Vision(ACCV),2012.

[157] Qin Z,Shelton C R. Improving multi-target tracking via social grouping[C]. In Proceedings of the IEEE Conference on Computer Vision and Pattern Recognition(CVPR),2012.

[158] Lamiraux F,Bonnafous D,Lefebvre O. Reactive path deformation for nonholonomic mobile robots[J]. IEEE Transactions on Robotics,2004,20(6):967-977.

[159] Yoon Y,Shin J,Kim H J,et al. Model-predictive active steering and obstacle avoidance for autonomous ground vehicles[J]. Control Engineering Practice,2009,17(7):741-750.

[160] Gao Y,Lin T,Borrelli F,et al. Predictive control of autonomous ground vehicles with obstacle avoidance on slippery roads[C]. In ASME 2010 Dynamic Systems and Control Conference,2010:265-272.

[161] Ziegler J,Bender P,Schreiber M,et al. Making Bertha drive—An autonomous journey on a historic route [J]. IEEE Intelligent Transportation Systems Magazine,2014,6(2):8-20.

[162] Howard T M. Adaptive model-predictive motion planning for navigation in complex environments[M]. Carnegie Mellon University,2009.

[163] Lamiraux F,Lammond J-P. Smooth motion planning for car-like vehicles[J]. IEEE Transactions on Robotics and Automation,2001,17(4):498-501.

[164] Dolgov D,Thrun S,Montemerlo M,et al. Path planning for autonomous vehicles in unknown semi-structured environments[J]. The International Journal of Robotics Research,2010,29(5):485-501.

[165] Pan J,Zhang L,Manocha D,et al. Collision-free and curvature-continuous path smoothing in cluttered environments[J]. Robotics:Science and Systems Ⅶ,2012,17:233.

[166] Yang K,Gan S K,Sukkarieh S. An efficient path planning and control algorithm for RUAV's in unknown and cluttered environments[C]. Nevada:In Selected papers from the 2nd International Symposium on UAVs,2009.

[167] Yang K,Moon S,Yoo S,et al. Spline-based RRT path planner for non-holonomic robots[J]. Journal of Intelligent & Robotic Systems,2014,73(1-4):763-782.

[168] Schuldt C,Laptev I,Caputo B. Recognizing human actions:a local SVM approach[C]. In International Conference on Pattern Recognition(ICPR),2004.

[169] Soomro K,Zamir A R,Shah M. UCF101:A dataset of 101 human actions classes from videos in the wild [J]. arXiv preprint arXiv:1212. 0402. 2012.

[170] Ristani E,Solera F,Zou R,et al. Performance measures and a data set for multi-target,multi-camera tracking[C]. In Proceedings of the European Conference on Computer Vision(ECCV),2016.

[171] QiongYan J,LiXu Y. Accurate single stage detector using recurrent rolling convolution[C]. In Proceedings of the IEEE Conference on Computer Vision and Pattern Recognition(CVPR),2017.

[172] Yang B,Yan J,Lei Z,et al. Craft objects from images[C]. In Proceedings of the IEEE Conference on Computer Vision and Pattern Recognition(CVPR),2016.

[173] Ristani E,Tomasi C. Features for multi-target multi-camera tracking and re-identification[C]. In Proceedings of the IEEE Conference on Computer Vision and Pattern Recognition(CVPR),2018.

[174] Chu Q,Ouyang W,Li H,et al. Online multi-object tracking using CNN-based single object tracker with spatial-temporal attention mechanism[C]. In Proceedings of the IEEE International Conference on Computer Vision(ICCV),2017.

[175] Elman J L. Finding structure in time[J]. Cognitive science,1990,14(2):179-211.

[176] Taylor G W,Hinton G E. Factored conditional restricted Boltzmann machines for modeling motion style [C]. In International Conference on Machine Learning(ICML),2009.

[177] Sutskever I, Martens J, Hinton G E. Generating text with recurrent neural networks[C]. In International Conference on Machine Learning(ICML), 2011.

[178] Denil M, Shakibi B, Dinh L, et al. Predicting parameters in deep learning[C]. In Advances in neural information processing systems(NIPS), 2013.

[179] Irsoy O, Cardie C. Modeling compositionality with multiplicative recurrent neural networks[C]. In International Conference on Learning Representations(ICLR), 2015.

[180] Novikov A, Podoprikhin D, Osokin A, et al. Tensorizing neural networks[C]. In Advances in Neural Information Processing Systems(NIPS), 2015.

[181] Wu Y, Zhang S, Zhang Y, et al. On Multiplicative Integration with Recurrent Neural Networks[C]. In Advances in Neural Information Processing Systems(NIPS), 2016.

[182] Bertinetto L, Henriques J F, Valmadre J, et al. Learning feed-forward one-shot learners[C]. In Advances in Neural Information Processing Systems(NIPS), 2016.

[183] Garipov T, Podoprikhin D, Novikov A, et al. Ultimate tensorization: compressing convolutional and FC layers alike[C]. In Advances in Neural Information Processing Systems Workshops(NIPSW), 2016.

[184] Krause B, Lu L, Murray I, et al. Multiplicative LSTM for sequence modelling[C]. In International Conference on Learning Representations Workshops(ICLRW), 2017.

[185] Chung J, Gulcehre C, Cho K, et al. Gated feedback recurrent neural networks[C]. In International Conference on Machine Learning(ICML), 2015.

[186] Leifert G, Strauß T, Grüning T, et al. Cells in multidimensional recurrent neural networks[J]. The Journal of Machine Learning Research(JMLR), 2016, 17(1): 3313-3349.

[187] Schmidhuber J. Learning to control fast-weight memories: An alternative to dynamic recurrent networks [J]. Neural Computation, 1992, 4(1): 131-139.

[188] De Brabandere B, Jia X, Tuytelaars T, et al. Dynamic filter networks[C]. In Advances in Neural Information Processing Systems(NIPS), 2016.

[189] Ha D, Dai A, Le Q V. HyperNetworks[C]. In international conference on learning representations (ICLR), 2017.

[190] Ba J L, Kiros J R, Hinton G E. Layer normalization[J]. arXiv preprint arXiv: 1607.06450. 2016.

[191] Graves A. Generating sequences with recurrent neural networks[J]. arXiv preprint arXiv: 1308.0850. 2013.

[192] Kingma D, Ba J. Adam: A method for stochastic optimization[C]. In International Conference on Learning Representations(ICLR), 2015.

[193] Jozefowicz R, Zaremba W, Sutskever I. An empirical exploration of recurrent network architectures[C]. In International Conference on Machine Learning(ICML), 2015.

[194] Collobert R, Kavukcuoglu K, Farabet C. Torch7: A matlab-like environment for machine learning[C]. In Advances in Neural Information Processing Systems Workshops(NIPSW), 2011.

[195] Hutter M. The human knowledge compression contest[J]. URL http://prize.hutter1.net. 2012.

[196] Chung J, Ahn S, Bengio Y. Hierarchical multiscale recurrent neural networks[C]. In International Conference on Learning Representations(ICLR), 2017.

[197] Le Q V, Jaitly N, Hinton G E. A simple way to initialize recurrent networks of rectified linear units[J]. arXiv preprint arXiv: 1504.00941. 2015.

[198] Arjovsky M, Shah A, Bengio Y. Unitary evolution recurrent neural networks[C]. In International Conference on Machine Learning(ICML), 2016.

[199] Wisdom S,Powers T,Hershey J,et al. Full-capacity unitary recurrent neural networks[C]. In Advances in Neural Information Processing Systems(NIPS),2016.

[200] Zhang S,Wu Y,Che T,et al. Architectural complexity measures of recurrent neural networks[C]. In Advances in neural information processing systems(NIPS),2016.

[201] Cooijmans T,Ballas N,Laurent C,et al. Recurrent batch normalization[C]. In International Conference on Learning Representations(ICLR),2017.

[202] Mathieu M,Couprie C,LeCun Y. Deep multi-scale video prediction beyond mean square error[C]. In International Conference on Learning Representations(ICLR),2016.

[203] Karpathy A,Toderici G,Shetty S,et al. Large-scale video classification with convolutional neural networks[C]. In Proceedings of the IEEE Conference on Computer Vision and Pattern Recognition (CVPR),2014.

[204] Wang Z,Bovik A C,Sheikh H R,et al. Image quality assessment:from error visibility to structural similarity[J]. IEEE Transactions on Image Processing(TIP),2004,13(4):600-612.

[205] Srivastava N,Mansimov E,Salakhudinov R. Unsupervised learning of video representations using lstms [C]. In International Conference on Machine Learning(ICML),2015.

[206] Lotter W,Kreiman G,Cox D. Deep predictive coding networks for video prediction and unsupervised learning[C]. In International Conference on Learning Representations(ICLR),2017.

[207] Jang E,Gu S,Poole B. Categorical Reparameterization with Gumbel-Softmax[C]. In International Conference on Learning Representations(ICLR),2017.

[208] Jaderberg M,Simonyan K,Zisserman A,et al. Spatial transformer networks[C]. In Advances in neural information processing systems(NIPS),2015.

[209] Long J,Shelhamer E,Darrell T. Fully convolutional networks for semantic segmentation[C]. In Proceedings of the IEEE Conference on Computer Vision and Pattern Recognition(CVPR),2015.

[210] Xu K,Ba J,Kiros R,et al. Show,attend and tell:Neural image caption generation with visual attention [C]. In International Conference on Machine Learning(ICML),2015.

[211] Wang L,Ouyang W,Wang X,et al. Visual tracking with fully convolutional networks[C]. In Proceedings of the IEEE International Conference on Computer Vision(ICCV),2015.

[212] Graves A,Wayne G,Danihelka I. Neural turing machines[J]. arXiv preprint arXiv:1410. 5401. 2014.

[213] Graves A,Wayne G,Reynolds M,et al. Hybrid computing using a neural network with dynamic external memory[J]. Nature,2016,538(7626):471-476.

[214] Stiefelhagen R,Bernardin K,Bowers R,et al. The CLEAR 2006 evaluation[C]. In Int. Evaluation Workshop on Classification of Events,Activities and Relationships,2006.

[215] Bloisi D,Iocchi L. Independent multimodal background subtraction[C]. In International Symposium Computational Modeling of Objects Represented in Images(CompIMAGE),2012.

[216] Bernardin K,Stiefelhagen R. Evaluating multiple object tracking performance:the CLEAR MOT metrics [J]. Journal on Image and Video Processing. 2008,2008:1.

[217] Jiang N,Bai S,Xu Y,et al. Online inter-camera trajectory association exploiting person re-identification and camera topology[C]. Seoul. 2018.

[218] Yoon K,Song Y-m,Jeon M. Multiple hypothesis tracking algorithm for multi-target multi-camera tracking with disjoint views[J]. IET Image Processing,2018.

[219] Tesfaye Y T,Zemene E,Prati A,et al. Multi-target tracking in mul-tiple non-overlapping cameras using constrained dominant sets[J]. arXiv preprint arXiv:1706. 06196. 2017.

[220] Maksai A,Wang X,Fleuret F,et al. Non-markovian globally consistent multi-object tracking[C]. In Proceedings of the IEEE International Conference on Computer Vision(ICCV),2017.

[221] Fang K,Xiang Y,Li X,et al. Recurrent autoregressive networks for online multi-object tracking[C]. In IEEE Winter Conference on Applications of Computer Vision(WACV),2018.

[222] Yang M,Wu Y,Jia Y. A hybrid data association framework for robust online multi-object tracking[J]. IEEE Transactions on Image Processing(TIP),2017,26(12):5667-5679.

[223] Chu P,Fan H,Tan C C,et al. Online multi-object tracking with instance-aware tracker and dynamic model refreshment[C]. In IEEE Winter Conference on Applications of Computer Vision(WACV),2019.

[224] Chen L,Ai H,Shang C,et al. Online multi-object tracking with convolutional neural networks[C]. In IEEE International Conference on Image Processing(ICIP),2017.

[225] Keuper M,Tang S,Andres B,et al. Motion segmentation & multiple object tracking by correlation co-clustering[J]. IEEE Transactions on Pattern Analysis and Machine Intelligence(TPAMI),2018.

[226] Evans J S B. Heuristic and analytic processes in reasoning[J]. British Journal of Psychology,1984, 75(4):451-468.

[227] Kahneman D. Maps of bounded rationality:Psychology for behavioral economics[J]. American Economic Review,2003,93(5):1449-1475.

[228] Van Den Berg J,Shah R,Huang A,et al. ANA *:anytime nonparametric A *[C]. In AAAI Conference on Artificial Intelligence(AAAI),2011.

[229] Hart P E,Nilsson N J,Raphael B. A formal basis for the heuristic determination of minimum cost paths [J]. IEEE Transactions on Systems Science and Cybernetics,1968,4(2):100-107.

[230] Sun Z,Chen Q,Nie Y,et al. Ribbon model based path tracking method for autonomous land vehicle[C]. In IEEE/RSJ International Conference on Intelligent Robots and Systems(IROS),2012.

[231] Dubins L E. On curves of minimal length with a constraint on average curvature,and with prescribed initial and terminal positions and tangents[J]. American Journal of Mathematics,1957,79(3):497-516.

[232] Reeds J,Shepp L. Optimal paths for a car that goes both forwards and back-wards[J]. Pacific journal of mathematics,1990,145(2):367-393.

[233] Choi J-w,Curry R,Elkaim G. Path planning based on bézier curve for autonomous ground vehicles[C]. In Advances in Electrical and Electronics Engineering-IAENG Special Edition of the World Congress on Engineering and Computer Science 2008,2008.

[234] Yang K,Sukkarieh S. An analytical continuous-curvature path-smoothing algorithm[J]. IEEE Transactions on Robotics,2010,26(3):561-568.

[235] Connors J,Elkaim G. Manipulating B-Spline based paths for obstacle avoidance in autonomous ground vehicles[C]. In Proceedings of the ION National Technical Meeting,2007.

[236] Trepagnier P G,Nagel J,Kinney P M,et al. KAT-5:Robust systems for autonomous vehicle navigation in challenging and unknown terrain[J]. Journal of Field Robotics,2006,23(8):509-526.

[237] Lee J-W,Litkouhi B. A unified framework of the automated lane centering/changing control for motion smoothness adaptation [C]. In International IEEE Conference on Intelligent Transportation Systems (ITSC),2012.

[238] Horsch T,Schwarz F,Tolle H. Motion planning with many degrees of freedom-random reflections at C-space obstacles[C]. In IEEE International Conference on Robotics and Automation(ICRA),1994.

[239] Mansor M A,Morris A S. Path Planning in Unknown Environment With Ob-stacles Using Virtual Window[M]. CA:Kluwer Academic Publishers,1999.

[240] Brooks R A. Solving the Find – Path Problem by Good Representation of Free Space [J]. IEEE Trans. syst. man Cybernet, 1983, 13(2):190–197.

[241] Garrido S, Moreno L, Abderrahim M, et al. Path Planning for Mobile Robot Navigation using Voronoi Diagram and Fast Marching[C]. In IEEE/RSJ International Conference on Intelligent Robots and Systems (IROS), 2006.

[242] Betts J T. Survey of numerical methods for trajectory optimization[J]. Journal of Guidance, Control, and Dynamics, 1998, 21(2):193–207.

[243] Kelly A, Nagy B. Reactive nonholonomic trajectory generation via parametric optimal control[J]. The International Journal of Robotics Research, 2003, 22(7–8):583–601.

[244] Howard T M, Kelly A. Optimal rough terrain trajectory generation for wheeled mobile robots[J]. The International Journal of Robotics Research, 2007, 26(2):141–166.

[245] Howard T, Pivtoraiko M, Knepper R A, et al. Model – predictive motion planning: Several key developments for autonomous mobile robots[J]. IEEE Robotics & Automation Magazine, 2014, 21(1): 64–73.

[246] Ferguson D, Howard T M, Likhachev M. Motion planning in urban environments[J]. Journal of Field Robotics, 2008, 25(11–12):939–960.

[247] Sánchez G, Latombe J-C. On delaying collision checking in PRM planning: Application to multi–robot coordination[J]. The International Journal of Robotics Research, 2002, 21(1):5–26.

[248] Pivtoraiko M, Knepper R A, Kelly A. Differentially constrained mobile robot motion planning in state lattices[J]. Journal of Field Robotics, 2009, 26(3):308–333.

[249] Russell S J, Norvig P. Artificial intelligence: a modern approach[M]. Pearson Education Limited, 2016.

[250] Wang H, Yu Y, Yuan Q. Application of Dijkstra algorithm in robot path–planning[J]. 2011:1067–1069.

[251] Pornavalai C, Chakraborty G, Shiratori N. Routing with multiple QoS requirements for supporting multimedia applications[J]. Telecommunication Systems, 1998, 9(3):357–373.

[252] Liu H, Stoll N, Junginger S, et al. A Floyd–Dijkstra hybrid application for mobile robot path planning in life science automation[J], 2012:279–284.

[253] Pearl J. Heuristics: intelligent search strategies for computer problem solving[J]. 1984.

[254] Stentz A, et al. The focussed D^* algorithm for real–time replanning[C]. In International Joint Conference on Artificial Intelligence(IJCAI), 1995.

[255] Koenig S, Likhachev M. Improved fast replanning for robot navigation in unknown terrain[C]. In IEEE International Conference on Robotics and Automation(ICRA), 2002.

[256] Likhachev M, Gordon G J, Thrun S. ARA*: Anytime A* with provable bounds on sub–optimality[C]. In Advances in Neural Information Processing Systems(NIPS), 2004.

[257] Likhachev M, Ferguson D I, Gordon G J, et al. Anytime Dynamic A*: An Anytime, Replanning Algorithm[C]. In International Conference on Automated Planning and Scheduling, 2005.

[258] Barraquand J, Latombe J-C. A Monte–Carlo algorithm for path planning with many degrees of freedom [C]. In IEEE International Conference on Robotics and Automation(ICRA), 1990.

[259] LaValle S M. Rapidly–exploring random trees: A new tool for path planning[J]. 1998.

[260] Kuwata Y, Teo J, Fiore G, et al. Real–time motion planning with applications to autonomous urban driving [J]. IEEE Transactions on Control Systems Technology, 2009, 17(5):1105–1118.

[261] Kavraki L, Svestka P, Overmars M H. Probabilistic roadmaps for path planning in high–dimensional con-

figuration spaces[M]. Pwsan,1994.

[262] Karaman S,Frazzoli E. Sampling-based algorithms for optimal motion planning[J]. The International Journal of Robotics Research,2011,30(7):846-894.

[263] Laarhoven P J M V,Aarts E H L. Simulated Annealing:Theory and Applications[M]. D. Reidel Publishing Company,1987.

[264] Min G P,Jeon J H,Min C L. Obstacle avoidance for mobile robots using artificial potential field approach with simulated annealing [C]. In IEEE International Symposium on Industrial Electronics, 2001. Proceedings. ISIE,2001.

[265] Lootsma F A. Fuzzy logic for planning and decision making[M]. Springer,1997.

[266] Gendreau M,Laporte G,Séguin R. A Tabu Search Heuristic for the Vehicle Routing Problem with Stochastic Demands and Customers[J]. Networks,1996,44(3):469-477.

[267] Wang J F,Liu J H,Zhong Y F. A novel ant colony algorithm for assembly sequence planning[J]. International Journal of Advanced Manufacturing Technology,2005,25(11-12):1137-1143.

[268] Glasius R,Komoda A,Gielen S C A M. Neural Network Dynamics for Path Planning and Obstacle Avoidance[J]. Neural Networks,1995,8(1):125-133.

[269] Kennedy J. Particle Swarm Optimization[M]. Springer,2011.

[270] Hu Y,Yang S X. A knowledge based genetic algorithm for path planning of a mobile robot[C]. In IEEE International Conference on Robotics and Automation(ICRA),2004.

附录 A　面向动态场景预测的张量式循环神经网络

A.1　跨层卷积的数学定义

▶ A.1.1　隐状态卷积

将式(2.10)中的隐状态卷积定义为

$$A_{t,p,m^o} = \sum_{k=1}^{K} \left(\sum_{m^i=1}^{M^i} H^{\text{cat}}_{t-1,p-\frac{K-1}{2}+k,m^i} \cdot W^h_{k,m^i,m^o} \right) + b^h_{m^o} \tag{A.1}$$

其中 $m^o \in \{1,2,\cdots,M^o\}$，本书使用零值填充(zero padding)来保持张量尺寸。

▶ A.1.2　记忆单元卷积

将式(2.21)中的记忆单元卷积定义为

$$C^{\text{conv}}_{t-1,p,m} = \sum_{k=1}^{K} C_{t-1,p-\frac{K-1}{2}+k,m} \cdot W^c_{t,k,1,1}(p) \tag{A.2}$$

为防止存储的信息被清除，C_{t-1} 使用其边界值而不是零或输入投影，进行扩充(padding)。

A.2　L、P 和 K 之间约束的推导

这里对式(2.13)中定义的 L、P 和 K 之间的约束进行推导。如果核尺 K 不为奇数，则对核的中心进行向上取整。核半径 K^r 可定义为

$$K^r = \frac{K - K \cdot \text{mod } 2}{2} \tag{A.3}$$

如图 A.1 所示，为了保证 y_t 的感受野覆盖且仅覆盖 $x_{1:t}$，有约束：

$$\tan\angle\text{AOD} \leqslant \tan\angle\text{BOD} < \tan\angle\text{COD} \tag{A.4}$$

即

$$\frac{P}{L} \leqslant \frac{K^r}{1} < \frac{P}{L-1} \tag{A.5}$$

将式(A.3)代入式(A.5),可得

$$L = \left\lceil \frac{2P}{K - K \cdot \bmod 2} \right\rceil \tag{A.6}$$

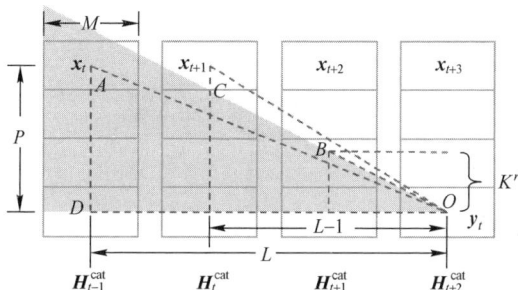

图 A.1　计算 L、P 和 K 之间约束的图示

每一列代表一个合并后的隐状态张量,其张量化尺寸 $P+1=4$,通道数为 M。输出感受野(灰色区域)的大小由核半径 K^r 决定。当前时刻 t 的输出 y_t 被延迟了 $L-1=2$ 个时间步。

A.3　记忆单元卷积可减缓梯度消失/爆炸

文献[186]已证明了"lambda 门"(类似于本文的记忆卷积核)可减缓梯度消失或爆炸(请参考文献[186]中的定理 17 和 18)。本书的方法和 lambda 门之间的区别为①通过 softmax 函数来对核值进行规范化,而文献[186]通过除以总和来对门值进行规范化;②将卷积核共享于所有通道。然而,由于这两点均都不会影响文献[186]中对定理 17 和 18 的证明,因此本书的记忆单元卷积也可以减缓梯度消失或爆炸。

附录 B　面向无监督多目标检测的记忆式循环注意力网络

B.1　实现详情

B.1.1　模型配置

所有任务均有一些共同的模型配置。对于式(3.1)中所定义的 NN^{feat}，将其设置为 FCN，其中每个卷积层由卷积、自适应最大池化(max-pooling)和修正线性单元(rectified linear unit, ReLU)构成，所有层的卷积步长(stride)均设置为1。对于式(3.3)中所定义的 NN^{out}，将其设置为全连接(fully-connected, FC)网络，并选择 ReLU 作为每个隐层的激活函数。对于渲染器，将图层数设置为 $K=3$（除了 UMOD-MRAN-noOcc 和 AIR 的 $K=1$）。对于式(3.9)中所定义的损失，本文设定 $\lambda=1$。对于每个任务特定的模型配置，请参阅表 B.1。值得注意的是，为了使用注意力，将 $c_{m,n}$ 的感受野设计为 X 上的局部区域（对于 Sprites-MOT 为 40×40，而对于 DukeMTMC 和 TUD 为 44×24。可根据表 B.1 中的 FCN 超参数计算）。

B.1.2　训练配置

对于 Sprites，将数据按照 90∶5∶5 的比例划分以用于训练、验证、测试；对于 DukeMTMC，将所提供的训练数据按照 95∶5 的比例划分以用于训练、验证。为了训练模型，通过 Adam 优化器[192] 来最小化模型参数 $\boldsymbol{\Theta}=\{\boldsymbol{\theta}^{feat},\boldsymbol{\theta}^{upd},\boldsymbol{\theta}^{out}\}$ 在训练集上的平均损失，并将学习率设置为 5×10^{-4}。使用提前停止(early stopping)来于终止训练。

表 B.1　不同 MOD 任务特定的模型配置,其中"conv h×w"表示卷积核大小为 h×w 的卷积层,"fc"表示全连接层,"out"表示输出层。注意到对于 NN^{feat},其第一层相比于 X 有两个额外的通道,即 2D 图像坐标(如第 3.3 节所述)。

超参数	Sprites	DukeMTMC/TUD
X 的大小$[H,W,D]$	$[128,128,3]$	$[108,192,3]$
C 的大小$[M,N,S]$	$[8,8,20]$	$[9,16,200]$
Y_i^a 的大小$[U,V,D]$	$[21,21,3]$	$[9,23,3]$
h_i 的大小 R	40	400
最大检测步数 I	4	10
$[\hat{s}_i^x,\hat{s}_i^y]$ 的系数$[\eta^x,\eta^y]$	$[0.2,0.2]$	$[0.4,0.4]$
$\text{NN}^{\text{feat}}(\text{FCN})$ 的层大小	$[128,128,5](\text{conv }5\times5)$ $[64,64,32](\text{conv }3\times3)$ $[32,32,64](\text{conv }1\times1)$ $[16,16,128](\text{conv }3\times3)$ $[8,8,256](\text{conv }1\times1)$ $[8,8,20](\text{out})$	$[108,192,5](\text{conv }5\times5)$ $[108,192,32](\text{conv }5\times3)$ $[36,64,128](\text{conv }5\times3)$ $[18,32,256](\text{conv }3\times1)$ $[9,16,512](\text{conv }1\times1)$ $[9,16,200](\text{out})$
$\text{NN}^{\text{out}}(\text{FC})$ 的层大小	$40(\text{fc})$ $266(\text{fc})$ $1772(\text{out})$	$400(\text{fc})$ $578(\text{fc})$ $836(\text{out})$
参数数量	0.86M	5.87M

附录 C 面向无监督多目标跟踪的重优先化循环注意力网络

C.1 实 现 详 情

▶ C.1.1 模型配置

所有任务均有一些共同的模型配置。对于式（4.1）中定义的 NN^{feat}，将其设置为 FCN，其中每个卷积层由卷积、自适应最大池化（max-pooling）和 ReLU 构成，所有层的卷积步长均设置为 1。对于式（4.9）中所定义的 RNN，将其设置为 GRU[53] 以更好地捕获长期的时域依赖。对于式（4.3）中所定义的 NN^{out}，将其设置为 FC，并选择 ReLU 作为每个隐层的激活函数。对于式（4.4）中所定义的损失，设定 $\lambda=1$。对于每个任务特定的模型配置，请参阅表 C.1。值得注意的是，为了使用注意力，将 $c_{t,m,n}$ 的感受野设计为 X_t 上的局部区域（对于 MNIST-MOT 和 Sprites-MOT 为 40×40，而对于 DukeMTMC 和 TUD 为 44×24。可根据表 C.1 中的 FCN 超参数计算）。

▶ C.1.2 训练配置

对于 Mnist-MOT 和 Sprites-MOT，将数据按照 90∶5∶5 的比例划分以用于训练、验证、测试；对于 DukeMTMC，将所提供的训练数据按照 95∶5 的比例划分以用于训练、验证。对于所有任务，在每次迭代中，使用批次大小为 64、长度为 20 帧的子序列来训练模型。在前向传播时，每一批次最后一时刻的跟踪器状态和置信度被保留下来用于初始化下一次迭代。为了训练模型，通过 Adam 优化器[192] 来最小化模型参数 $\Theta = \{\theta^{feat}, \theta^{upd}, \theta^{out}\}$ 在训练集上的平均损失，并将学习率设置为 $5×10^{-4}$。使用提前停止来于终止训练。

C.2 Mnist-MOT 数据集

作为一个试验性实验，旨在测试模型是否能够鲁棒地跟踪每个可从场景中出现或消失的物体的位置和外貌。因此,建立了一个新的 Mnist-MOT 数据集。它包含 2M 帧,每帧的大小为 128×128×1,由黑色背景和至多 3 个移动数字组成。每个数字为一个从 MNIST 数据集[50]中随机抽取的 28×28×1 的图像块,朝着一个随机方向移动,且只出现或消失一次。当数字重叠时,像素值被相加并限定在范围[0,1]内。为解决该任务,对于所有的 TBA 配置,本文设定跟踪器个数 $I=4$,图层数 $K=1$,并固定尺度 $s_{t,i}^x = s_{t,i}^y = 1$,形状 $Y_{t,i}^s = 1$,从而通过将所有变换后的外貌相来合成单个图层。对于所有配置,本文也将重构帧的像素值限定在 $[0,1]$内。

表 C.1　不同 MOT 任务特定的模型配置,其中"conv h×w"表示卷积核尺寸为 h×w 的卷积层,"fc"表示全连接层,"out"表示输出层。注意到对于 NN^{feat},其第一层相比于 X_t 有两个额外的通道,即 2D 图像坐标(如第 4.3.1 节所述)

超参数	MNIST-MOT	Sprites-MOT	DukeMTMC/TUD
X_t 的大小 $[H,W,D]$	$[128,128,1]$	$[128,128,3]$	$[108,192,3]$
C_t 的大小 $[M,N,S]$	$[8,8,50]$	$[8,8,20]$	$[9,16,200]$
$Y_{t,i}^a$ 的大小 $[U,V,D]$	$[28,28,1]$	$[21,21,3]$	$[9,23,3]$
$h_{t,i}$ 的大小 R	200	80	800
跟踪器个数 I	4	4	10
图层数 K	1	3	3
$[\hat{s}_{t,i}^x, \hat{s}_{t,i}^y]$ 的系数 $[\eta^x, \eta^y]$	$[0,0]$	$[0.2,0.2]$	$[0.4,0.4]$
NN^{feat}(FCN) 的层大小	$[128,128,3]$(conv 5×5) $[64,64,32]$(conv 3×3) $[32,32,64]$(conv 1×1) $[16,16,128]$(conv 3×3) $[8,8,256]$(conv 1×1) $[8,8,50]$(out)	$[128,128,5]$(conv 5×5) $[64,64,32]$(conv 3×3) $[32,32,64]$(conv 1×1) $[16,16,128]$(conv 3×3) $[8,8,256]$(conv 1×1) $[8,8,20]$(out)	$[108,192,5]$(conv 5×5) $[108,192,32]$(conv 5×3) $[36,64,128]$(conv 5×3) $[18,32,256]$(conv 3×1) $[9,16,512]$(conv 1×1) $[9,16,200]$(out)
NN^{out}(FC) 的层大小	200(fc) 397(fc) 787(out)	80(fc) 377(fc) 1772(out)	800(fc) 818(fc) 836(out)
参数数量	1.21M	1.02M	5.65M

训练曲线如图 C.1 所示。TBA、TBAc 和 TBAc-noRep 具有相似的验证损失,其略好于 TBAc-noAtt。类似于 Sprites-MOT 的结果,TBA 的收敛速度最快,而 TBAc-noMem 具有明显较高的验证损失,因为所有跟踪器都似乎都跟踪了同一个物体,从而影响了重构。

定性结果如图 C.2 所示。从中可观察到在 Sprites-MOT 实验中所看到的类似的现象,这就揭示了被禁用的机制的重要性。特别是,由于 AIR 未考虑数据的时域依赖,因此很难消除重叠物体的歧义(序列 5)。

本书进一步定量评估了不同的配置。结果如表所示 C.2,这也类似于 Sprites-MOT。

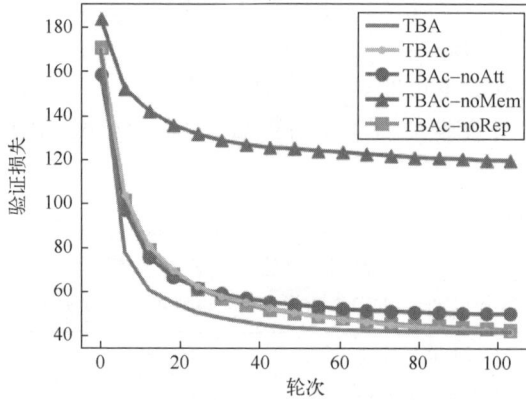

图 C.1 同配置在 MNIST-MOT 上的训练曲线

表 C.2 不同配置在 MNIST-MOT 上的跟踪性能对比

配　　置	IDF1 ↑	IDP ↑	IDR ↑	MOTA ↑	MOTP ↑	FAF ↓	MT ↑	ML ↓	FP ↓	FN ↓	IDS ↓	Frag ↓
TBA	99.6	99.6	99.6	99.5	78.4	0	978	0	49	49	22	7
TBAc	99.2	99.3	99.2	99.4	78.1	0.01	977	0	54	52	26	11
TBAc-noAtt	45.2	43.9	46.6	59.8	81.8	0.20	976	0	1,951	219	6,762	86
TBAc-noMem	0	—	0	0	—	0	0	983	0	22,219	0	0
TBAc-noRep	94.3	92.9	95.7	98.7	77.8	0.01	980	0	126	55	103	10

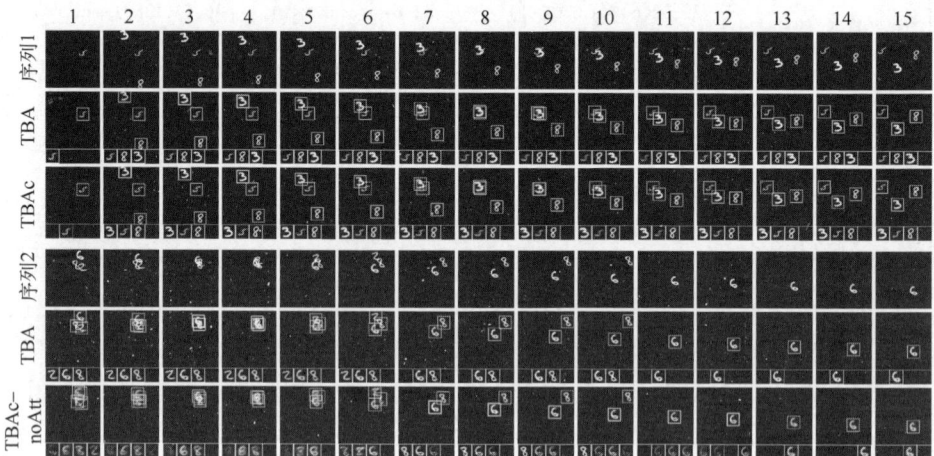

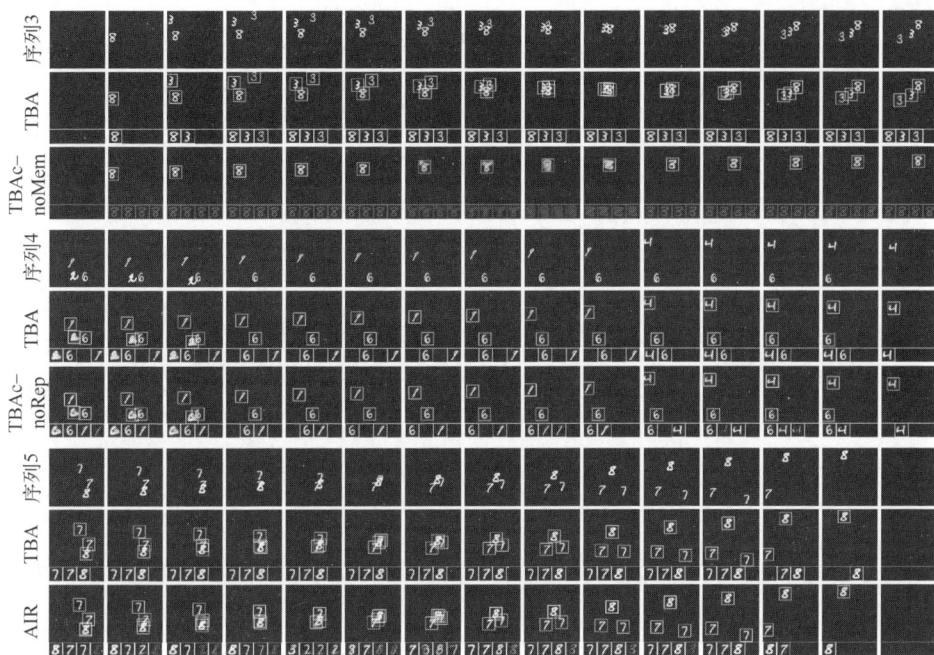

图 C.2　不同配置在 MNIST-MOT 上的定性结果。对于每一配置，本文显示重构帧（顶部）和跟踪器输出（底部）。在每帧中，从左至右的跟踪器输出分别对应于跟踪器 1 到 I（这里 $I=4$）。每个跟踪器的输出 $y_{t,i}$ 被可视化为 $(y_{t,i}^c \boldsymbol{Y}_{t,i}^s \odot \boldsymbol{Y}_{t,i}^a) \in [0,1]^{U \times V \times D}$。

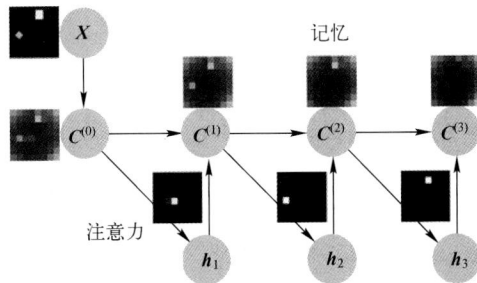

图 3.4　记忆式循环注意力网络

(X 为输入图像，$C^{(i)}$ 和 h_i 分别为在第 i 个检测步中更新后的记忆和检测器状态
（这里最大检测步数 $I=3$），绿色和蓝色的粗箭头分别表示
利用注意力机制对记忆进行的读操作和写操作。）

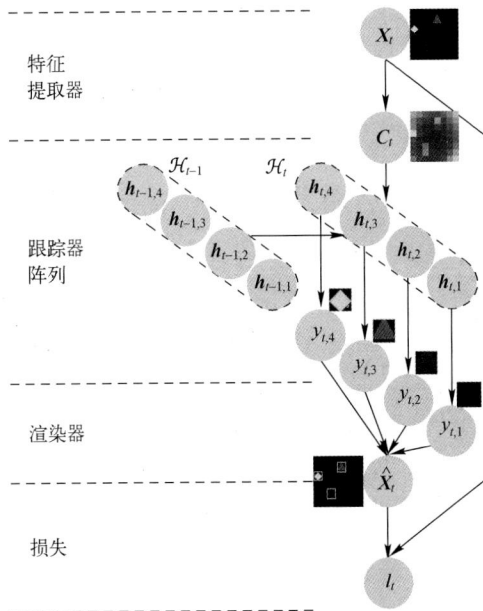

图 4.2　TBA 框架的图示

（其中，在时刻 t，X_t 为输入帧，C_t 为提取的输入特征，$h_{t,i}$ 和 $y_{t,i}$ 分别为第 i 个跟踪
器的状态和输出（$i \in \{1,2,\cdots,I\}$，这里 $I=4$），$\hat{X}_t$ 为重构帧，l_t 为重构损失。）

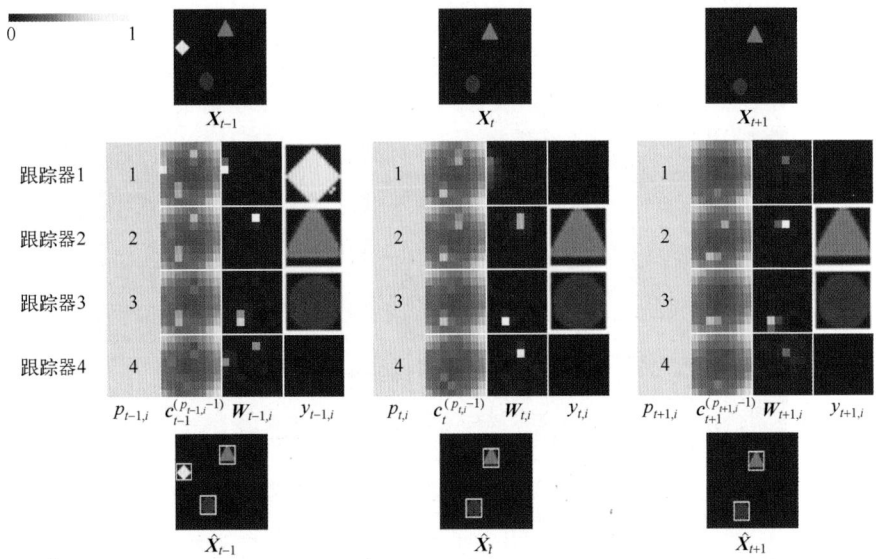

图 4.10　在 Sprites-MOT 上对 RAT 进行可视化

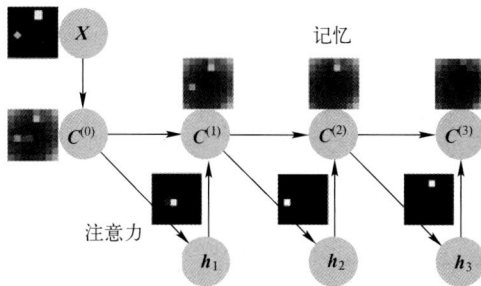

图 3.4　记忆式循环注意力网络

(X 为输入图像，$C^{(i)}$ 和 h_i 分别为在第 i 个检测步中更新后的记忆和检测器状态

（这里最大检测步数 $I = 3$），绿色和蓝色的粗箭头分别表示

利用注意力机制对记忆进行的读操作和写操作。）

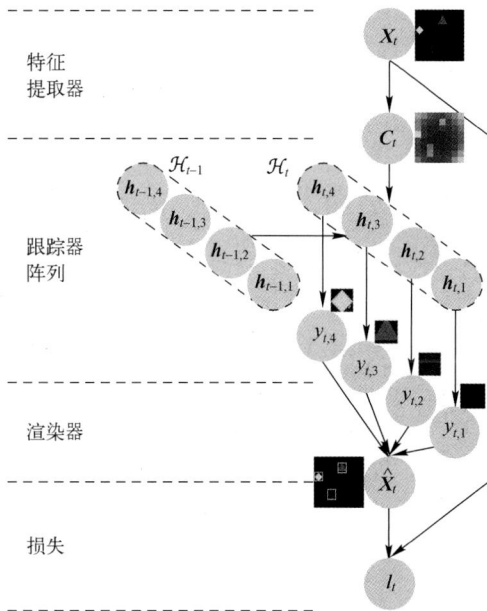

图 4.2　TBA 框架的图示

（其中，在时刻 t，X_t 为输入帧，C_t 为提取的输入特征，$h_{t,i}$ 和 $y_{t,i}$ 分别为第 i 个跟踪

器的状态和输出（$i \in \{1,2,\cdots,I\}$，这里 $I = 4$），$\hat{X}_t$ 为重构帧，l_t 为重构损失。）

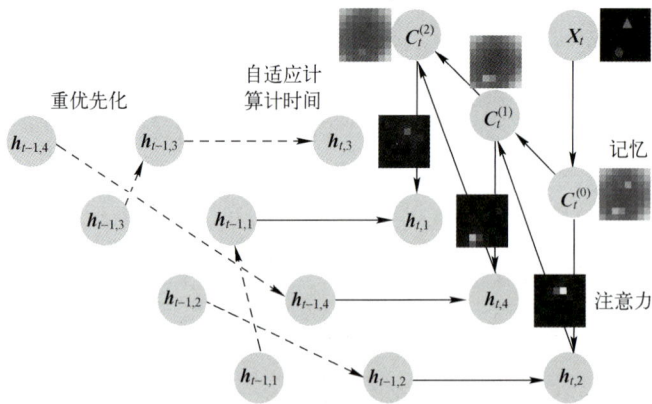

图 4.3　RAT 框架图示

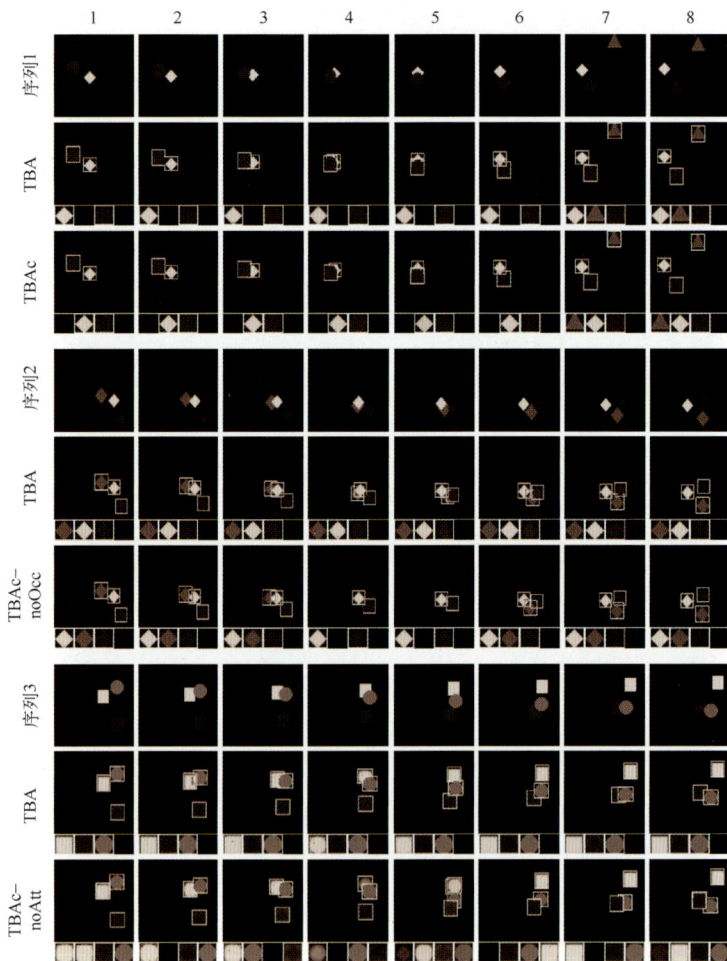

图 4.5　不同配置在 Sprites-MOT 上的定性结果(1)

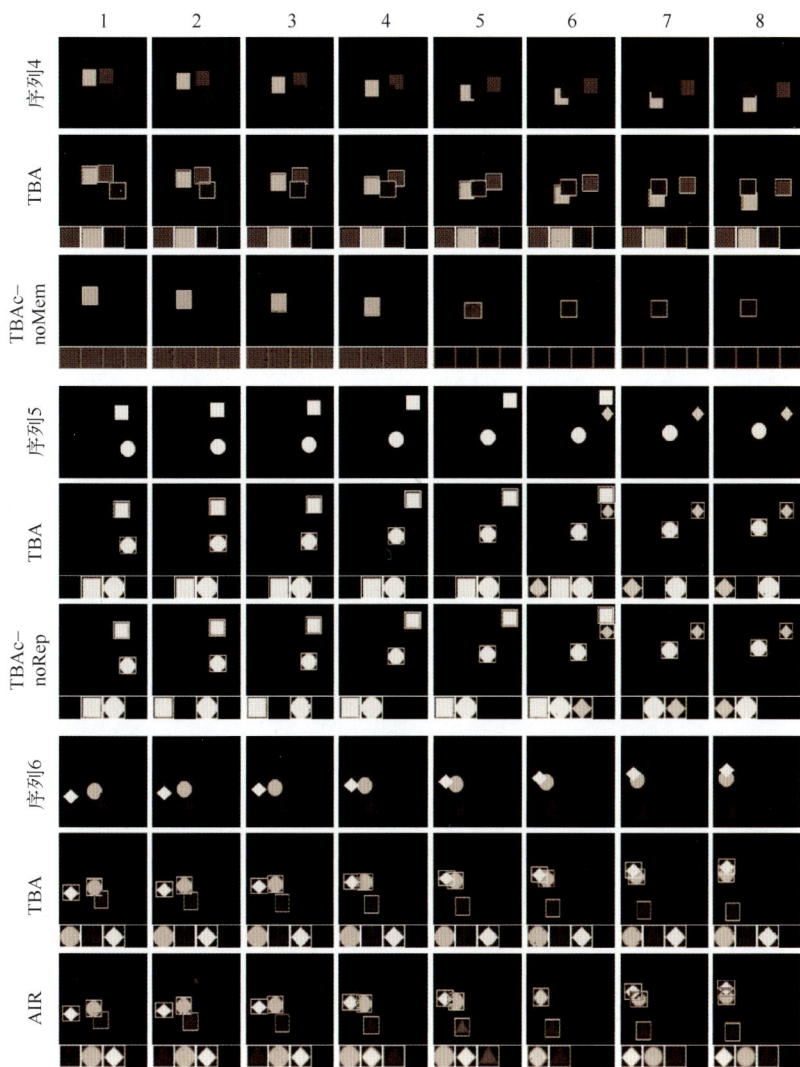

图 4.6　不同配置在 Sprites-MOT 上的定性结果(2)

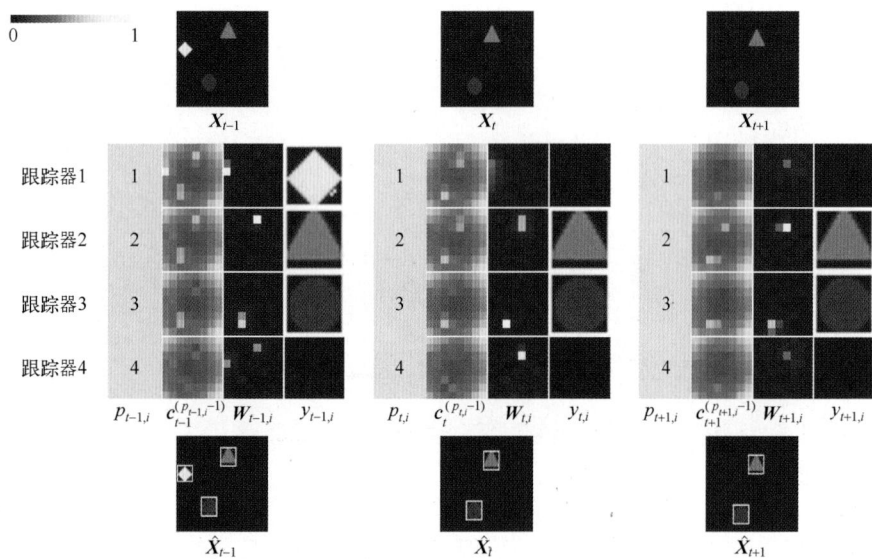

图 4.10　在 Sprites-MOT 上对 RAT 进行可视化

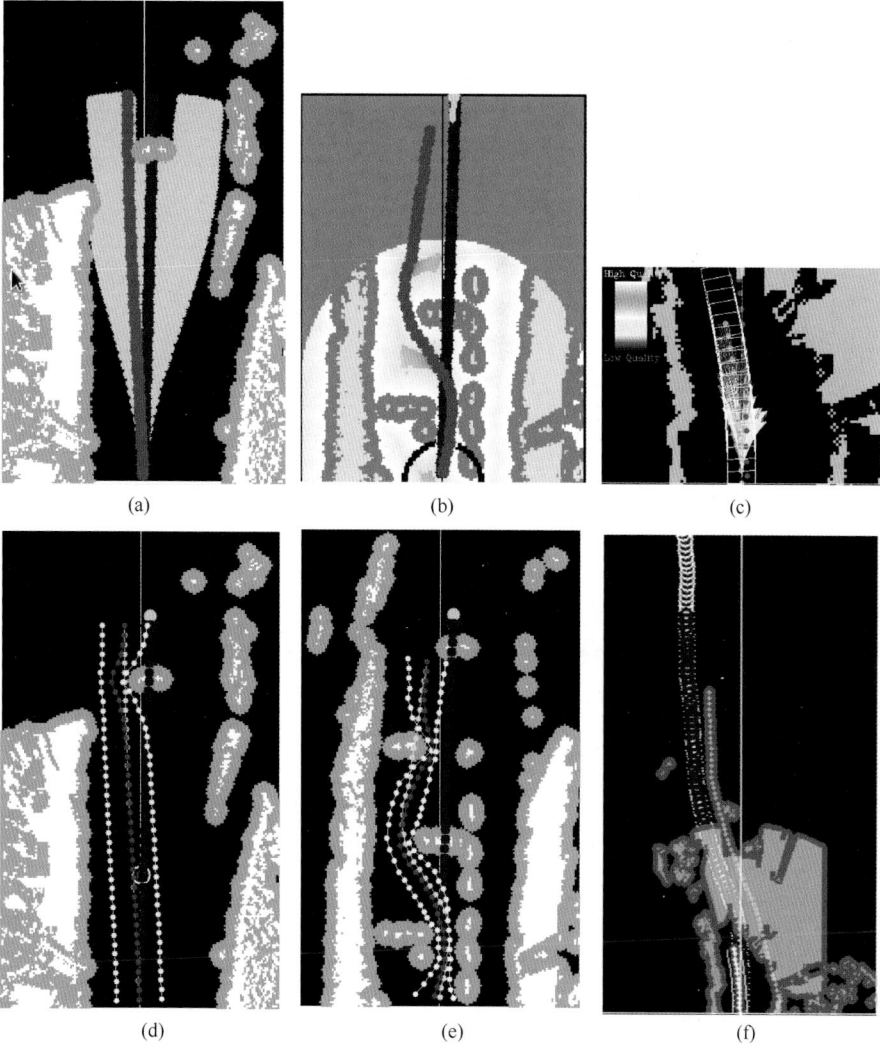

图 5.4　不同规划层的可视化

（a）生成路径层；（b）搜索路径层；（c）漫游路径层；

（d）对应于（a）的输出路径层；（e）对应于（b）的输出路径层；（f）对应于（c）的输出路径层。

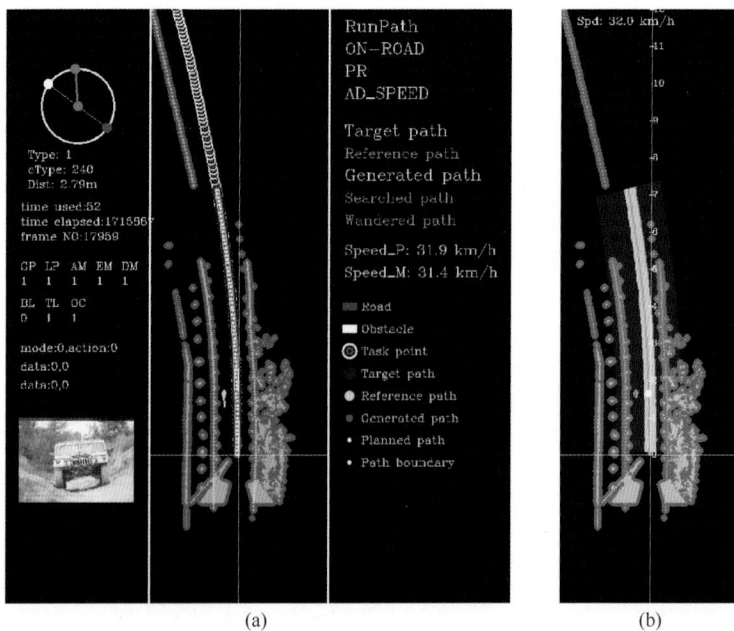

(a)   (b)

图 5.9　城市道路任务下生成路径层的调用

（a）分层局部路径规划主界面；（b）生成路径层子界面。

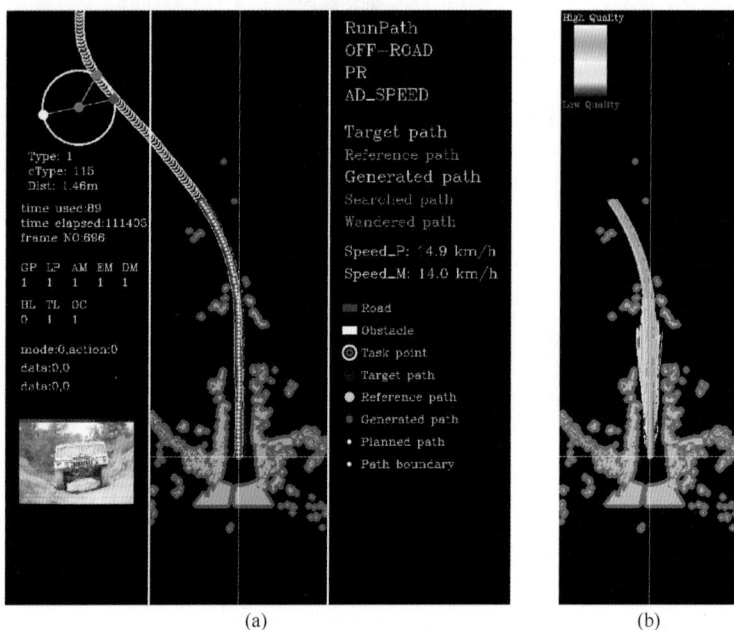

(a)   (b)

图 5.11　越野道路任务下生成路径层的调用

（a）分层局部路径规划主界面；（b）生成路径层子界面。

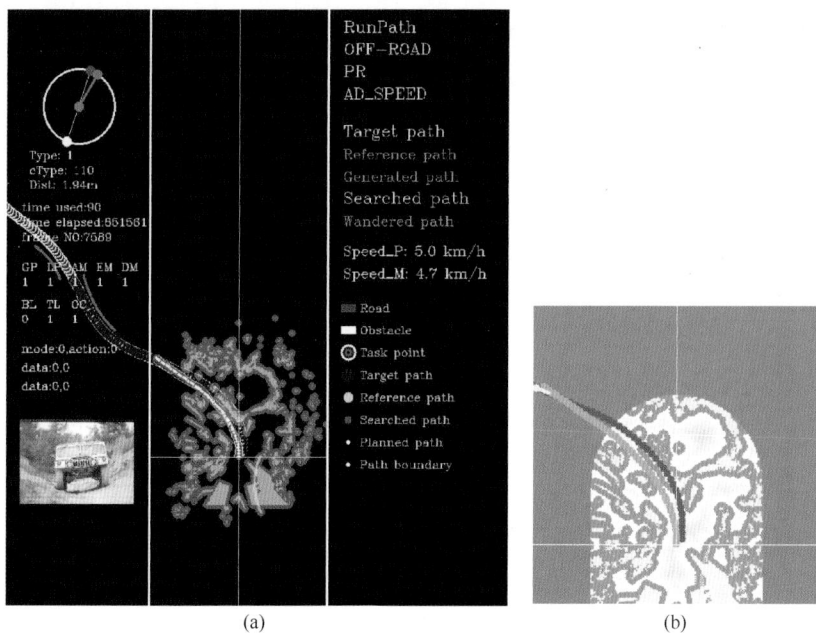

图 5.12　越野道路任务下搜索路径层的调用

（a）分层局部路径规划主界面；（b）搜索路径层子界面。

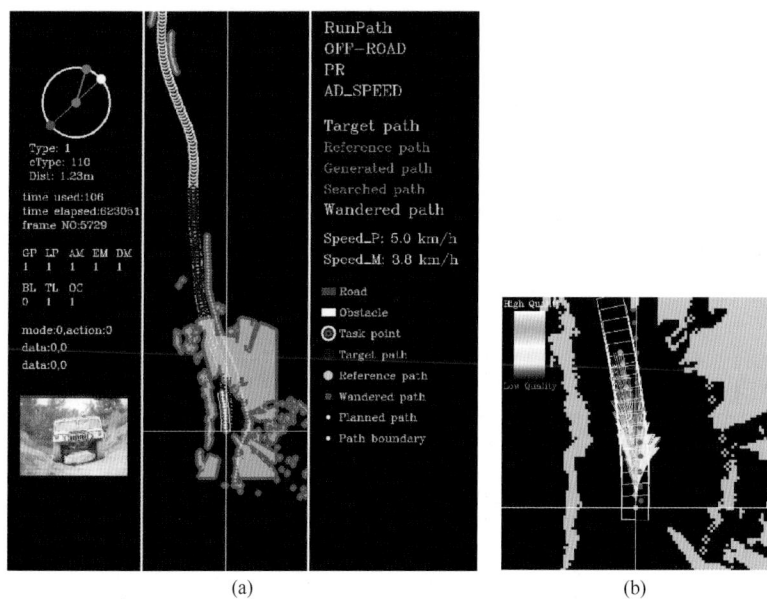

图 5.13　越野道路任务下漫游路径层的调用

（a）分层局部路径规划主界面；（b）漫游路径层子界面。

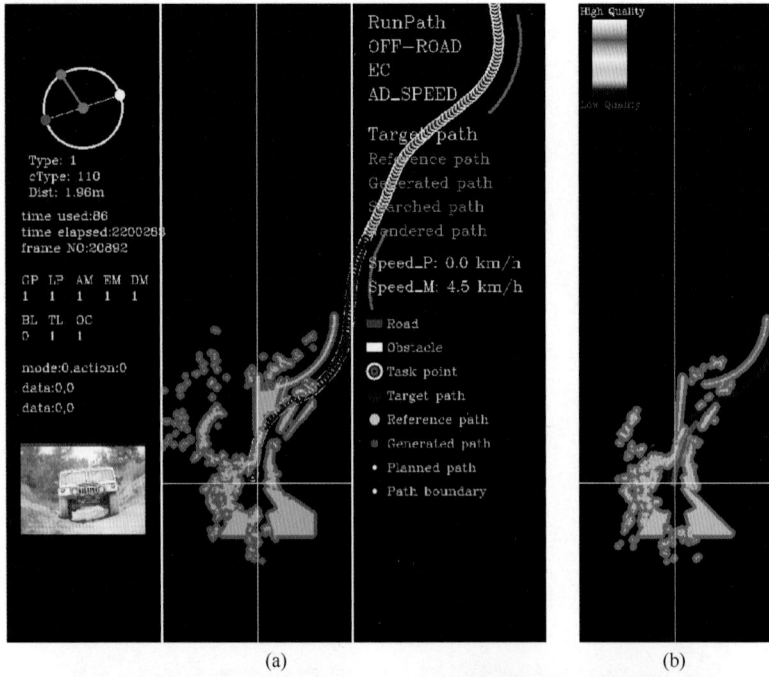

图 5.14 越野道路任务下规划失败的情况

(a) 分层局部路径规划主界面；(b) 生成路径层子界面；

(c) 搜索路径层子界面；(d) 漫游路径层子界面。

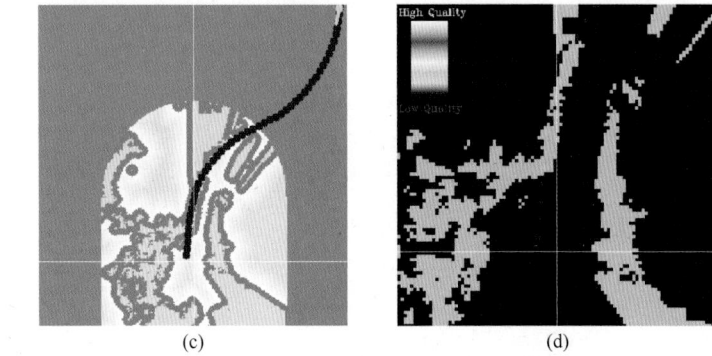

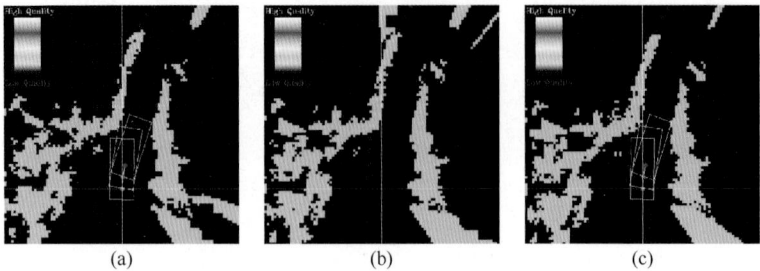

图 5.15 连续 3 帧的漫游路径层子界面